Kohlhammer

## Der Autor

**Hermann Staats**, Prof. Dr. med., ist Arzt für Psychotherapeutische Medizin, Psychoanalytiker, Gruppenanalytiker und Paar- und Familientherapeut und arbeitet als Sigmund-Freud-Professor für psychoanalytisch orientierte Entwicklungspsychologie an der FH Potsdam und in eigener Praxis. Er ist Vorsitzender der Forschungskommission der Deutschen Psychoanalytischen Gesellschaft, Mitglied der Forschungskommission der Deutschen Gesellschaft für Gruppenanalyse und Gruppenpsychotherapie D3G und Lehranalytiker und Supervisor der DPG, DGPT, IPA und D3G.

Hermann Staats war Oberarzt an der Universität Göttingen, Leiter der Ärztlich-Psychologischen Beratungsstelle dort und später Leiter des Familienzentrums an der FH Potsdam. Er ist Mitherausgeber der Zeitschrift *Gruppenpsychotherapie und Gruppendynamik* und Mitglied zahlreicher Fachgesellschaften. Buchveröffentlichungen zu Übertragungen in Paaren und Gruppen *(Das Zentrale Thema der Stunde*, 2001*)*, zum feinfühligen Arbeiten mit Kindern (2014, 2. Aufl. 2021), zu Gruppenpsychotherapie und Gruppenanalyse (mit Th. Bolm und A. Dally, 2014) zur therapeutischen Beziehung (2017), zur Psychoanalyse der Angststörungen (mit C. Benecke 2017) und zur Supervision in Gruppen (mit Christiane Bakhit, 2021).

Hermann Staats

# Entwicklungspsychologische Grundlagen der Psychoanalyse

## Band 1:
## Schwangerschaft, Geburt und Kindheit

Verlag W. Kohlhammer

1. Auflage 2021


Gesamtherstellung: W. Kohlhammer GmbH, Heßbrühlstr. 69, 70565 Stuttgart
produktsicherheit@kohlhammer.de

Print:
ISBN 978-3-17-022112-3

E-Book-Formate:
pdf: ISBN 978-3-17-032452-7
epub: ISBN 978-3-17-032453-4
mobi: ISBN 978-3-17-032454-1

# Geleitwort zur Reihe

Die Psychoanalyse hat auch im 21. Jahrhundert nichts von ihrer Bedeutung und Faszination verloren. Sie hat sich im Laufe ihres nun mehr als einhundertjährigen Bestehens zu einer vielfältigen und durchaus auch heterogenen Wissenschaft entwickelt, mit einem reichhaltigen theoretischen Fundus sowie einer breiten Ausrichtung ihrer Anwendungen.

In dieser Buchreihe werden die grundlegenden Konzepte, Methoden und Anwendungen der modernen Psychoanalyse allgemeinverständlich dargestellt. Worin besteht die genuin psychoanalytische Sichtweise auf Forschungsgegenstände wie z. B. unbewusste Prozesse, Wahrnehmen, Denken, Affekt, Trieb/Motiv/Instinkt, Kindheit, Entwicklung, Persönlichkeit, Konflikt, Trauma, Behandlung, Interaktion, Gruppe, Kultur, Gesellschaft u. a. m.? Anders als bei psychologischen Theorien und deren Überprüfung mittels empirischer Methoden ist der Ausgangspunkt der psychoanalytischen Theoriebildung und Konzeptforschung in der Regel zunächst die analytische Situation, in der dichte Erkenntnisse gewonnen werden. In weiteren Schritten können diese methodisch trianguliert werden: durch Konzeptforschung, Grundlagenforschung, experimentelle Überprüfung, Heranziehung von Befunden aus den Nachbarwissenschaften sowie Psychotherapieforschung.

Seit ihren Anfängen hat sich die Psychoanalyse nicht nur als eine psychologische Betrachtungsweise verstanden, sondern auch kulturwissenschaftliche, sozialwissenschaftliche sowie geisteswissenschaftliche Perspektiven hinzugezogen. Bereits Freud machte ja nicht nur Anleihen bei den Metaphern der Naturwissenschaft des 19. Jahrhunderts, sondern entwickelte die Psychoanalyse im engen Austausch mit geistes- und kulturwissenschaftlichen Erkenntnissen. In den letzten Jahren sind vor allem neurowissenschaftliche und kognitionspsychologische Konzepte und Befunde hinzugekommen. Dennoch war und ist die klinische Situation mit ihren spezifischen Methoden der Ursprung psychoanalytischer Erkenntnisse. Der Blick auf die Nachbarwissenschaften kann je nach Fragestellung und Untersuchungsgegenstand bereichernd sein, ohne dabei allerdings das psychoanalytische Anliegen, mit spezifischer Methodik Aufschlüsse über unbewusste Prozesse zu gewinnen, aus den Augen zu verlieren.

Auch wenn psychoanalytische Erkenntnisse zunächst einmal in der genuin psychoanalytischen Diskursebene verbleiben, bilden implizite Konstrukte aus einschlägigen Nachbarwissenschaften einen stillschweigenden Hintergrund wie z. B. die derzeitige Unterscheidung von zwei grundlegenden Gedächtnissystemen. Eine Betrachtung über die unterschiedlichen Perspektiven kann den spezifisch psychoanalytischen Zugang jedoch noch einmal verdeutlichen.

Der interdisziplinäre Austausch wird auf verschiedene Weise erfolgen: Zum einen bei der Fragestellung, inwieweit z. B. Klinische Psychologie, Entwicklungspsychologie, Entwicklungs-psychopathologie, Neurobiologie, Medizinische Anthropologie zur teilweisen Klärung von psychoanalytischen Kontroversen beitragen können, zum anderen inwieweit die psychoanalytische Perspektive bei der Beschäftigung mit den obigen Fächern, aber auch z. B. bei politischen, sozial-, kultur-, sprach-, literatur- und kunstwissenschaftlichen Themen eine wesentliche Bereicherung bringen kann.

In der Psychoanalyse fehlen derzeit gut verständliche Einführungen in die verschiedenen Themenbereiche, die den gegenwärtigen Kenntnisstand nicht nur klassisch freudianisch oder auf eine bestimmte Richtung bezogen, sondern nach Möglichkeit auch richtungsübergreifend und Gemeinsamkeiten aufzeigend darstellen. Deshalb wird in dieser Reihe auch auf einen allgemein verständlichen Stil besonderer Wert gelegt.

Wir haben die Hoffnung, dass die einzelnen Bände für den psychotherapeutischen Praktiker in gleichem Maße gewinnbringend sein können wie auch für sozial- und kulturwissenschaftlich interessierte Leser, die sich einen Überblick über Konzepte, Methoden und Anwendungen der modernen Psychoanalyse verschaffen wollen.

Die Herausgeberinnen und Herausgeber
Cord Benecke, Lilli Gast,
Marianne Leuzinger-Bohleber und Wolfgang Mertens

# Inhalt

# Vorwort

Entwicklungspsychologische Konzepte spielen in der Psychoanalyse eine große Rolle – wir benutzen sie, um uns zu erklären, wie und warum jemand so geworden ist, wie er ist, und aus welchen Gründen sich eine bestimmte Symptomatik entwickelt hat. Dabei vermuten wir kausale Zusammenhänge. Die vielfältigen Theorien innerhalb der Psychoanalyse sind Werkzeuge, um Hypothesen zu generieren, die dann in der Beziehung zum Patienten geprüft und in gemeinsamer Arbeit modifiziert werden. Neben einem allgemeinen »Schatz« an entwicklungspsychologischen Konzepten gibt es schul- und störungsspezifische Modelle, die weitere Perspektiven einbringen. Die in psychoanalytischen Entwicklungstheorien deutliche Auffassung des Kindes als eines »kompetenten Subjekts« findet sich inzwischen auch in anderen Bereichen – explizit z. B. in der Kinderrechtskonvention der Vereinten Nationen oder in aktuellen pädagogischen Konzepten.

Grundlagen der verschiedenen psychoanalytischen Entwicklungstheorien sind in den folgenden Kapiteln so dargestellt, dass Unterschiede der Konzepte und Modelle als Beiträge innerhalb eines Diskurses verstanden werden. Im Fokus steht das Interesse an Beziehungen und ihrer Entwicklung – Beziehungen zu anderen Menschen, zu sich selbst, zu Gruppen, Kulturen und materiellen Dingen. Die wechselseitige Beeinflussung interpersonellen Verhaltens und intrapsychischen Erlebens wird herausgearbeitet, die Entwicklung psychischer Strukturen aus Beziehungserfahrungen vor dem Hintergrund biologischer und sozialer Faktoren in ihrer bewussten und unbewussten Dimensionen beschrieben. Das Lernen von Beziehungen in Beziehungen ist ein weitgehend nicht bewusster und erst nachträglich reflektierter Prozess.

Zu diesem Buch tragen Erfahrungen aus der klinischen Arbeit mit erwachsenen Menschen, mit Kindern und Jugendlichen, mit Gruppen und Familien bei; die Lehre an Hochschulen und an Ausbildungsinstituten sowie Forschung zu den Verknüpfungen interpersoneller und intrapsychischer Aspekte des Verhaltens und Erlebens stehen damit in einem engen Zusammenhang. Viele Menschen haben mit ihren Fragen und Überlegungen zu diesem Buch beigetragen. Danken möchten ich meinen Studierenden, vor allem Aline Schönwetter, Anika Melius, Katharina Gurack, Kristin Quander, Manuel Fischer, Antonia Lautenschläger, Johanna Lieb, Ann-Kathrin Keßner und Anna Hochstrasser, die für dieses Buch Literatur gesucht und Fragen formuliert haben, Astrid Kunze, die auf Unklarheiten hingewiesen hat und wo immer möglich mit Vorschlägen zu einer klareren Darstellung beigetragen hat, meinen Lehrern und Kollegen und den Patienten und Familien, denen Sie in der einen oder anderen Form in diesem Buch begegnen. Der Kohlhammer Verlag und vor allem Frau Stefanie Reutter als Lektorin haben das Entstehen dieses Buches mit ihrem Interesse, Engagement und mit ihrer Geduld möglich gemacht. Teile des Buches nehmen Bezug auf entwicklungspsychologische Vorlesungen, die an der International Psychoanalytic University IPU durchgeführt und von Florian Juen mitinspiriert wurden. Svenja Taubner hat vielfältige Überlegungen, Vorschläge und Materialien eingebracht, Harry Klemann und Bernd Federlein haben zu Lacans Theorien beigetragen. Von den vielen offenen, nach Verstehen und Klarheit suchenden Gesprächen hoffe ich mit diesem Buch etwas weiterzugeben.

Wechselwirkungen zwischen Sprache und individuellen und gesellschaftlichen Denkmustern sind in einem entwicklungspsychologischen Buch ein implizites Thema. Die männliche und die weibliche Form werden im Text zusammen verwendet, wenn es für die Lesbarkeit hilfreich ist, die männliche Form schließt in der Regel alle Geschlechter ein. Leserinnen und Leser können aus dem Zusammenhang leicht erschließen, wann spezifisch eines der Geschlechter gemeint ist.

Potsdam und Göttingen, Frühjahr 2021 — Hermann Staats

# 1 Einleitung: Aufbau und Zielsetzung

»Was ist und zu welchem Zweck betreiben wir Entwicklungspsychologie?« Oerter und Montada (2008, S. 3) verweisen darauf, dass in der »etwa hundertjährigen Geschichte der empirischen Entwicklungspsychologie« auf diese Frage unterschiedliche Antworten gegeben wurden. »Verschiedene Forschungstraditionen gingen von unterschiedlichen Fragestellungen und Menschenbildern aus und bildeten unterschiedliche Konzepte und Theorien der Entwicklung«. Siegler et al. (2005, S. XI) beginnen ihr Lehrbuch mit dem Satz: »Es ist eine aufregende Zeit, um ein Lehrbuch über Kindesentwicklung zu schreiben«.

Für psychoanalytische Entwicklungstheorien gilt dies in einem vielleicht noch stärkeren Ausmaß als in der akademischen Entwicklungspsychologie. Tyson und Tyson (1990, dt. 2012) haben ihr klassisches »Lehrbuch der psychoanalytischen Entwicklungspsychologie« für Studierende geschrieben, die immer wieder durch die »Vielzahl widersprüchlicher und sich ausschließender Theorien« in Verwirrung geraten seien.

Tyson und Tyson zielten auf eine »Synthese psychoanalytischer Entwicklungstheorien« (S. 15). Es ist offen, ob dies heute noch gelingen kann. Es gibt nicht *eine* einheitliche psychoanalytische Entwicklungspsychologie. Widersprüche und Konflikte tragen zur Faszination des Feldes bei. Beobachtungen an Säuglingen, psychologische, neurobiologische und sozialwissenschaftliche Untersuchungen haben zu einer Explosion unseres Wissens geführt. Zur Bedeutung dieser Wissensexplosion haben sich psychoanalytische Autorinnen und Autoren sehr unterschiedlich positioniert:

- Die Ergebnisse empirischer Studien zur Entwicklung von Menschen und neue Konzepte der Entwicklungspsychologie werden als wenig wichtig für psychoanalytische Theorien angesehen und ignoriert.
- Einzelne entwicklungspsychologische Konzepte (wie etwa »Bindung« oder »Mentalisieren«) werden Grundlage neuer klinischer Modelle und Behandlungsstrategien. Mit ihnen gelingt es, die Komplexität menschlicher Entwicklung – wieder – auf ein vergleichsweise einfach überschaubares und für die klinische Praxis als Leitschnur nutzbares Modell zu reduzieren. So kann der Anschluss der Psychoanalyse an empirisch arbeitende Wissenschaften leichter gehalten und weiterentwickelt werden.
- Viele primär klinische Beiträge nutzen ausgewählte entwicklungspsychologische Befunde, um das eigene therapeutische Vorgehen zu begründen.

Ein Ziel dieses Buches ist es, die wichtigsten Entwicklungsmodelle innerhalb der Psychoanalyse darzustellen. Wo dies möglich ist, werden die unterschiedlichen Beiträge und Sichtweisen dieser Modelle aufeinander bezogen. Gegensätzliche Auffassungen sind herausgearbeitet, auch ohne dass eine Synthese gelingt. Aktuelle psychoanalytische Fragen und Ergebnisse der empirischen Entwicklungspsychologie werden miteinander verbunden. Historisch wichtige Konzepte sind – in einem besonderen Format erkennbar – kurz dargestellt. Folgerungen für die therapeutische oder pädagogische Praxis werden ebenfalls hervorgehoben präsentiert. Am Ende jedes Kapitels sollen offene Fragen ein Weiterdenken zu den Inhalten fördern.

In diesem Buch wird die Entwicklung des Kindes von der vorgeburtlichen Zeit bis zur Latenzzeit dargestellt. Das Erleben in Beziehungen steht im Mittelpunkt – von der Schwangerschaft bis zum Lernen in Beziehungen zu Lehrerinnen und Lehrern. Die Aufteilung der Kapitel folgt den klassischen Entwicklungsphasen, die durch das Lösen bestimmter Aufgabe gekennzeichnet sind. Der Fokus liegt auf den Übergängen zwischen den Phasen. Die sich hier entfaltenden Konflikte und Entwicklungsaufgaben werden herausgearbeitet und dann wird beschrieben, was die verschiedenen psychoanalytischen Konzepte zu einem Verständnis des Erlebens des Subjekts beitragen.

Übereinstimmungen mit den Ergebnissen anderer Wissenschaften und nicht übereinstimmende Befunde werden dargestellt, so dass sich ein Einblick in aktuelle Forschungen und interdisziplinäre Diskurse ergibt. Wenn Ergebnisse aus anderen Wissenschaften psychoanalytische Theorien ergänzen, in Frage stellen oder bestätigen, wird versucht, Ungewissheiten zu erhalten und zwischen Hypothesen und empirischen Belegen zu unterscheiden.

Entwicklungsstörungen werden in diesem Buch nur beispielhaft betrachtet. Die relativ neue Disziplin der Entwicklungspsychopathologie stellt eine Verbindung aus Klinischer Psychologie und Entwicklungspsychologie dar. Der Komplexität dieser interdisziplinär ausgerichteten Forschungsrichtung gerecht zu werden, würde das Ausmaß dieses Buches sprengen. Beiträge zu Krippen, Kindergärten und Schulen aus psychoanalytischer Sicht werden als Teil der allgemeinen Entwicklung dagegen einbezogen. Viele entwicklungspsychologische Konzepte lassen sich in einer Lebensphase besonders plastisch darstellen; sie bleiben aber über lange Zeiträume der Lebensspanne wichtig. Ein chronologischer Aufbau – wie in diesem Buch angestrebt – kann daher nur unvollkommen gelingen. Ergänzend wird daher versucht, Methoden und Konzepte auch in ihrer eigenen Entwicklungsgeschichte darzustellen und dabei den (auch historischen) Diskurs aufzuzeigen, in dem sie entstanden sind.

**Beispiel:**
Mit der objektbeziehungstheoretischen Ausrichtung psychoanalytischer Theorien hat sich das Interesses an der Entwicklungspsychologie auf die ersten beiden Lebensjahre verlagert. Psychische Struktur wird als Resultat verinnerlichter Objektbeziehungen verstanden, für die diese Zeit von besonderer Bedeutung ist. Dies hat konkrete behandlungstheoretische Auswirkungen – Analytiker verstehen sich (wiederum durchaus unterschiedlich) in einer dyadisch strukturierten Behandlungssituation, in der im »Hier und Jetzt« der Beziehung gearbeitet wird. Beziehen sich Analytiker stärker auf andere Modelle (z. B. das Mentalisieren oder auf ödipale Konflikte und trianguläre Strukturen), ergeben sich andere Beziehungs- und Übertragungsmuster. Analytiker könnten vor dem Hintergrund anderer Entwicklungs-

theorien dann die Rollen und Funktionen eines fördernden Trainers, eines präsenten feedbackgebenden Gegenübers oder eines neidischen, fördernden, bewundernden oder kritisch missbilligenden Dritten einnehmen.

Entwicklungspsychologie, Sozialisationsforschung, Neurobiologie, Genetik und Entwicklungspsychopathologie wachsen teilweise zu einer neuen Disziplin zusammen, die als »Entwicklungswissenschaft« bezeichnet wird. Es liegt in der Tradition des neugierigen Denkens Freuds, Ergebnisse aus Nachbarwissenschaften aufzugreifen und für ein Verstehen subjektiver seelischer Prozesse zu nutzen. Die Konzepte, auf die sich Therapeutinnen und Therapeuten dabei beziehen, haben Auswirkungen auf ihre jeweilige Behandlungspraxis. Die Vielfalt psychoanalytischer Theorien wird in diesem Buch als eine Bereicherung angesehen – und zugleich mit dem Wissen um die Beschränkung eines einzelnen Ansatzes (und mit Kenntnissen zu seiner Entstehung) verbunden. Vor diesem Hintergrund wird auch auf »Klassiker« der psychoanalytischen Entwicklungspsychologie zum Weiterlesen hingewiesen. Ziel ist es, dem Leser und der Leserin einen Überblick zu verschaffen, der es ermöglicht, das Gelesene einzuordnen und zu relativieren. Es soll neugierig machen und zum Weiterlesen anregen.

## Literatur zur vertiefenden Lektüre

Oerter. R. & Montada, L. (Hrsg.) (2008). *Entwicklungspsychologie* (6. Aufl.). Weinheim: Beltz.

Siegler, R., DeLoache, J. & Eisenberg, N. (2005). *Entwicklungspsychologie im Kindes- und Jugendalter.* München: Spektrum.

Tyson, P. & Tyson, R.-L. (1990, dt. 2012). *Lehrbuch der psychoanalytischen Entwicklungspsychologie* (4. Aufl.). Stuttgart: Kohlhammer.

# 2 Psychoanalyse, Entwicklungspsychologie und »Bezugswissenschaften«

»Entwicklungspsychologie und Psychotherapie, speziell die analytische bzw. tiefenpsychologisch fundierte Psychotherapie, haben lange Zeit ein Dasein als ›feindliche Schwestern‹ geführt« (Seiffge-Krenke, 2009, S. VII).

## Einführung

Das Bild »feindlicher Schwestern«, das Seiffge-Krenke zum Beschreiben der Beziehung zwischen Psychoanalyse und Entwicklungspsychologie nutzt, weist auf die natürliche Verbundenheit und auf ein – in Phasen der Entwicklung vielleicht notwendiges – Bemühen um Abgrenzung und Unterschiedlichkeit hin.

Aus Sicht eines Psychoanalytikers stellt Bohleber (2011) enttäuscht eine Abnahme des Interesses der Psychoanalyse an entwicklungsspezifischen Fragen fest. Die Entwicklungspsychologie habe sich »zu einer rein empirischen Forschungsrichtung entwickelt, deren Ergebnisse nicht mehr leicht an klinisch-psychoanalytische Konzeptualisierungen zurückzubinden« seien (S. 769). Diese Beschreibung steht im Gegensatz zu dem Erfolg psychoanalytisch ausgerichteter Bücher zur Entwicklung von Kindern (z. B. von Martin Dornes, 1993, [14. Aufl. 2015] »Der kompetenten Säugling«), in denen entwicklungspsychologische Forschungsergebnisse für eine psychotherapeutisch und pädagogisch interessierten Öffentlichkeit zusammengefasst und diskutiert werden.

Die Bedeutung der Entwicklungspsychologie und der Ergebnisse aus anderen Bezugswissenschaften werden aus verschiedenen Perspektiven der Psychoanalyse unterschiedlich beschrieben:

- Aus empirisch wissenschaftlicher Perspektive ist die Entwicklungspsychologie eine wichtige Möglichkeit, klinische Arbeitsmodelle zu bestätigen.
- Aus hermeneutischer Sicht dienen entwicklungspsychologische Modelle als Grundlage für Theorien und Interventionen. Die Rekonstruktion einer individuellen Entwicklung kann sich dabei von empirisch gewonnenen Entwicklungsmodellen unterscheiden. Widersprüche bleiben dann ein Anlass zu weiterer Nachforschung.
- Aus der Sicht einer hermeneutisch-konstruktivistischen klinischen Arbeit können entwicklungspsychologische Konzepte als nicht relevant für die psychoanalytische Behandlungspraxis betrachtet werden. Hier wird aus den Erinnerungen Erwachsener in der klinischen Arbeit kindliches Erleben rekonstruiert. Ein so »rekonstruiertes Kind« und das »Kind der empirischen Entwicklungsforschung« haben dann wenig oder nichts miteinander zu tun.

Das Einnehmen einer entwicklungspsychologischen Perspektive ist in der klinischen psychoanalytischen Arbeit oft mit der Betonung eines aktiven lebenslangen Prozesses der Bewältigung von Konflikten verbunden. In der Gegenwart ist die Vergangenheit enthalten. Die Bewältigung vergangener Entwicklungsaufgaben stellt sich in der analytischen Situation dar und kann nachträglich neu und auch anders verstanden werden. Ein Verstehen der Verbindungen zwischen aktuellem Erleben in der analytischen Situation und der eigenen Entwicklungsgeschichte ergibt einen individuellen Sinn. Analysanden können Vergangenes dann umfassender reflektieren und brauchen es nicht mehr in alter Form zu wiederholen. Eine entwicklungspsychologische Perspektive ist daher nicht allein auf die Vergangenheit, sondern auch auf die Gegenwart und auf eine Zukunft hin ausgerichtet.

**Lernziele**

- Entwicklungspsychologische Konzepte der Psychologie und der Psychoanalyse kennenlernen.
- Übergreifende entwicklungspsychologische Annahmen in der Psychoanalyse beschreiben können.
- Unterschiedliche Auffassungen von Entwicklung in den Psychologien der Psychoanalyse (Triebtheorie, Ich-Psychologie, Objektbeziehungstheorie, Selbstpsychologie, Bindungstheorie und strukturale Analyse) miteinander in Beziehung setzen können.
- Heuristische Bedeutung von Entwicklungstheorien für Therapien erkennen.
- Empirische Kritik an den psychoanalytischen Entwicklungstheorien kennen.

## 2.1 Entwicklungspsychologische Begriffe und Konzepte

Klinisches psychoanalytisches Arbeiten ist ohne ein Wissen um die gesunde und beeinträchtigte Entwicklung des Menschen nicht gut möglich. Zweifel und Nichtwissen bleiben. Entwicklungspsychologische Konzepte können für psychodynamische Überlegungen oder subjektive Krankheitstheorien nicht »wörtlich genommen« werden. Erkenntnisse aus der klinischen Situation, die retrospektiv für Therapeuten und Patienten eine überzeugende Kausalität aufweisen (und damit möglicherweise intersubjektiv und als Einsicht klinisch wirksam sind), können in prospektiven Untersuchungen nur einen geringen oder keinen Einfluss zeigen. Die »Überdeterminierung« (Freud, 1895) menschlichen Erlebens und Verhaltens (es gibt in aller Regel vielfache und zusammenwirkende Ursachen, kaum je eine einzelne, die ein Verhalten bestimmt) führt im konkreten Fall zu einer hohen Komplexität und Ungewissheit. Empirisch wissenschaftliche Aussagen sind daher in ihrer Generalisierung auf konkrete Patienten ebenso mit Vorsicht und Kritik zu betrachten wie am Einzelfall gewonnene klinische Schlussbildungen in Hinsicht auf die Entwicklung von allgemeineren Konzepten.

Neue Forschungsbefunde können unsere Sicht auf klinische Phänomene verändern. Sie regen zu neuen Konzeptualisierungen an und schaffen Verbindungen zwischen dem »Kind der empirischen Entwicklungsforschung« und dem »aus der klinischen Situation konstruierten Kind«. Implizite und explizite Theorien zur Entwicklung beeinflussen als Vorannahmen von Therapeuten klinisches Verstehen und Handeln.

Emde (2011) beschreibt Entwicklung als einen »fortwährenden, lebenslangen Prozess, der nicht nur eine Vergangenheit hat, sondern auch in der Gegenwart existiert und sich auf eine Zukunft zubewegt. Der Blick ist dabei nach vorn gerichtet« (S. 779). Aus der Sicht eines Individuums zeigt sich der »nach vorn gerichtete« Blick im Begriff des »Wunsches«, der heute entwicklungsbezogene Aspekte des Triebbegriffs aufnimmt. Psychoanalytische Konzepte tragen dazu bei, empathisch die Sichtweise von anderen Menschen nachzuvollziehen und verstehen zu lernen. So steht in der Psychoanalyse inhaltlich das subjektive Erleben des Einzelnen im Fokus der Aufmerksamkeit, das methodisch auch über Einfühlung und Selbstreflexion erschlossen wird. Daten werden vorwiegend aus der Perspektive eines Patienten (seiner Selbstwahrnehmung) erfasst (siehe aber unten zur Frage von Konflikt und Strukturmodellen). Die akademische Entwicklungspsychologie dagegen beobachtet Kinder vorwiegend aus einer um Objektivität bemühten Position und gewinnt ihre Daten aus Fremdwahrnehmungen. Fremdwahrnehmung und Selbstwahrnehmung erfassen Unterschiedliches (McClelland et al., 1989). Es trägt zu Verwirrung bei, dass diese zwei Datenquellen begrifflich oft nicht unterschieden werden. Moderne Säuglingsforschung und Entwicklungspsychologie verbinden und integrieren Fremdwahrnehmung und Selbstwahrnehmung. Der »konstruierte Säugling« im Sinne des subjektiv erlebenden Säuglings, haucht dem »empirisch beobachtbaren Säugling« Leben ein.

Akademische und psychoanalytische Entwicklungspsychologie beschäftigen sich beide mit der Beschreibung, Erklärung und der Vorhersage und Beeinflussung menschlichen Erlebens und Verhaltens. Sie untersuchen Veränderungen über die gesamte Lebensspanne hinweg.

Fragt man Menschen, wie sie sich erklären, dass sie so »geworden« sind, wie sie sind, dann werden vor allem die Erfahrungen in der Familie, Partnerschaft oder mit Freunden genannt, die ihre Entwicklung beeinflussten. Genetik, kulturelle Faktoren und einschneidende Lebensereignisse spielen ebenfalls eine Rolle. Konzepte dazu greifen auf unterschiedliche Modelle zurück:

Stufenmodelle der Entwicklung gehen von einem linearen Verlauf aus – deutlich etwa bei den psychosexuellen Entwicklungsstufen Freuds, den Entwicklungskrisen von Erik Erikson oder der Entwicklung des moralischen Urteils. Auch hier bleibt aber »Altes« erhalten und kann bei entsprechenden Auslösern »regressiv« wieder in den Vordergrund treten. Nicht alle Entwicklungsphänomene lassen sich gut als stufenförmig verlaufend darstellen. Abzweigungen und Fehlentwicklungen müssen berücksichtig werden. So werden Stufenmodelle zunehmend durch komplexere Konzepte ersetzt. Während noch bis zum Anfang des 20. Jahrhunderts das Bild vorherrschte, die menschliche Entwicklung sei mit der Adoleszenz abgeschlossen (ein Stufenmodell), gehen wir heute davon aus, dass Menschen ihr ganzes Leben lang lernen und sich verändern. »Entwicklungslinien« und ihre wechselseitige Beeinflussung sind dann zu beschreiben. Die wechselseitige Beeinflussung dieser Entwicklungslinien führt zum Einbezug unterschiedlicher Wissenschaften. Die moderne Entwicklungspsychologie ist daher interdisziplinär angelegt. Sie nutzt Erkenntnisse aus Genetik, Neurowissenschaften, Sozial-, Kultur- und Sprachwissenschaften.

Das Modell einer »sukzessiven Konstruktion« beschreibt, dass jede Entwicklung auf zuvor entwickelte Voraussetzungen aufbaut. Höhere Stufen sind also komplexer und integrieren Elemente und Relationen der vorherigen Stufen. Dieses Modell gilt besonders für die kognitive Entwicklung und die Entwicklung sensomotorischer Fähigkeiten. Das Modell der Sozialisation geht dagegen davon aus, dass Entwicklung durch Anleitung und Anforderung, Information und Belehrung, durch Beobachtung und Nachahmung von Vorbildern, durch Bestrafung und Belohnung voranschreitet. Dieser Prozess wird durch Familie, Freunde, Schule, Beruf und Medien gestaltet und findet in einem Spannungsfeld zwischen Aneignung kultureller Normen, der Entwicklung von Reflexionsfähigkeit und der eigenen Identitätsgestaltung statt.

Für psychoanalytische Entwicklungspsychologien ist die Fokussierung auf das subjektive Erleben eines Menschen charakteristisch. Ein subjektiver »Sinn« von Entwicklung wird vorausgesetzt und in Therapien erkundet. Dies kann als das Verfolgen einer besonderen Entwicklungslinie verstanden werden – etwa als Entwicklung des »Selbst« in Abgrenzung von und Interdependenz mit biologischen und sozialen Entwicklungslinien. Innerhalb dieser Entwicklungslinie werden stufenförmige Modelle verwendet; zugleich kann auf »Altes« nachträglich Einfluss ausgeübt werden. So wird zum Beispiel mit dem Konzept von Entwicklungsstufen und sensiblen Perioden davon ausgegangen, dass ein bestimmter Entwicklungsstand gegeben sein muss, damit Erfahrungen bestimmte Wirkungen haben können. In der Psychoanalyse wird dies mit dem Konzept der »Nachträglichkeit« aufgegriffen: Mit neuem Wissen kommt es zu einer »nachträglichen« Reinterpretation von Erfahrungen. Dieser Vorgang kann Symptome hervorrufen – wenn Wissen in einer auslösenden Situation plötzlich einsetzt und zugleich abgewehrt wird. Er kann aber auch dazu beitragen, Symptome wieder aufzulösen. In Therapien werden unglückliche Erfahrungen dann z. B. nicht mehr vorwiegend als das Leben dauerhaft prägende Traumata erlebt, sondern als Erfahrungen, die überlebt und überstanden wurden.

Die Parallelität von somatischen, kognitiven, emotionalen und sozialen Entwicklungen und die wechselseitige Abhängigkeit der Entwicklungslinien voneinander führt zu »sensiblen Phasen« für den Erwerb vieler Kompetenzen. Wird eine solche Phase nicht genutzt, werden bestimmte Fähigkeiten nicht oder nur stark eingeschränkt erworben. Es gibt »Fenster der Entwicklung« für bestimmte Fähigkeiten. Mit diesen Fenstern ist auch eine Verletzlichkeit der Entwicklung verbunden, wenn ein Entwicklungsschritt aus biopsychosozialen Gründen nicht zeitgerecht erfolgt ist.

Ein Kind, das in seinem ersten Lebensjahr unter schwer vernachlässigenden Bedingungen aufgewachsen ist, macht nicht die Erfahrung, von wichtigen anderen Menschen »gehalten« zu werden. Diese Erfahrung und ein damit einhergehendes »Urvertrauen« kann es später nur noch eingeschränkt nachholen. Es hat gelernt, sich nur auf sich allein zu verlassen – um zu überleben. Kognitiv reifer schreibt es sich in späteren Entwicklungsphasen das Erleben, von anderen Menschen gehalten zu werden, selbst zu (z. B. in einer liebevollen Adoptivfamilie, in die es im dritten Lebensjahr gegeben wird). »Gehalten zu werden« wird im eigenen Erleben zu einem Erfolg der eigenen Liebenswürdigkeit, der gekonnten Manipulation anderer oder der Anpassung an Erwartungen. Es bleibt damit an das eigene Verhalten gebunden und führt tragischerweise trotz guter späterer Erfahrungen nicht mehr zu einem Vertrauen in andere Menschen (keine Bindungsentwicklung mehr).

Die verschiedenen »Psychologien« innerhalb der Psychoanalyse unterscheiden sich in vielen Aspekten (▶ Kap. 2.2). Einige Annahmen werden aber in ihren entwicklungspsychologischen Konzepten weitgehend geteilt:

- die Annahme von Kausalität in den Erzählungen eines Menschen;
- die Hypothese, dass aktuelle Verhaltensweisen und Symptome mit der Verarbeitung vergangener Erfahrungen zusammenhängen – eine Entwicklungsperspektive;
- das Konzept des Unbewussten – eines Wissens, auf das Menschen nicht aktiv zugreifen können und das ihr Erleben und Verhalten beeinflusst;
- die Betrachtung von Entwicklung als nicht abschließend und nicht linear – Altes bleibt erhalten und kann – regressiv – wieder aktiviert werden.

Als theoretische Grundlagen psychoanalytischer Therapien sind diese Annahmen wiederholt überarbeitet und erweitert worden. Sie sind vielfach als Konzepte in das Allgemeinwissen eingegangen und nicht mehr auf therapeutisches Fachwissen beschränkt.

Unterschiedliche Weiterentwicklungen setzten dabei ihre je eigenen Schwerpunkte. So stellen manche Autoren das Vorliegen einer – mehr oder weniger – einheitlichen psychoanalytischen Entwicklungstheorie in Frage. Der kommende Abschnitt schaut daher auf die verschiedenen »Schulen« der Psychoanalyse und ihre jeweiligen entwicklungspsychologischen Schwerpunktsetzungen. Er versucht, eine integrierende Perspektive zu erreichen.

## 2.2 Theorienpluralität innerhalb der Psychoanalyse: die »Psychologien« der Psychoanalyse

Die verschiedenen psychologischen Modelle, die in der Psychoanalyse verwendet werden, haben jeweils eigene Vorzüge. Triebtheorie, Ich-Psychologie, Selbstpsychologie, Objektbeziehungstheorie, Bindungstheorie, relationale und strukturale Analyse beschreiben unterschiedliche Modelle des Psychischen, die auch entwicklungspsychologische Konzepte enthalten, aber noch keine im engeren Sinne geschlossenen entwicklungspsychologischen Theorien darstellen. Als Modelle klinischen Verstehens tragen sie zu unterschiedlichen Entwicklungsaufgaben und Entwicklungsphasen unterschiedlich viel bei. Sie alle sind aus dem Versuch heraus entstanden, die Symptome und die Lebensgeschichte eines Menschen in einen Zusammenhang zu bringen. Diese Psychologien werden im folgenden Abschnitt kurz in ihren zentralen Annahmen dargestellt, um sie in ihrer Unterschiedlichkeit sehen und vergleichen zu können. Als Leser werden Sie in den folgenden Kapiteln die Beiträge dieser Modelle zur Entwicklung im Lebenslauf kennen lernen – und vor dem Hintergrund der hier beschriebenen Pluralität an Sichtweisen einordnen können (ausführlicher im Dialog der unterschiedlichen Schulen: Mertens, 2010, 2011).

Das älteste psychologische Modell der Psychoanalyse, das *triebtheoretische Modell,* zeichnet sich durch seine dichten Verbindungen zum Körperlichen aus. Es betrachtet Menschen unter dem Gesichtspunkt ihrer Bedürfnisse und Wünsche. Diese werden in frühen körperlichen, familiären und kulturellen Erfahrungen geformt und in Handlungen sowie bewussten und unbewussten Phantasien verkörpert. Hier stehen zentrale Wünsche (als Abkömmlinge körperlicher Bedürfnisse oder »Triebe«) im Konflikt mit den Wünschen anderer, den Anforderungen der Gesellschaft oder dem eigenen Bedürfnis nach Sicherheit. Ein unausgewogenes Verhältnis von Anpassung und Verzicht auf Befriedigung (zu viel oder zu wenig) wird als symptomauslösend betrachtet. Die Fähigkeit, sich eigene Wünsche in einer von körperlicher Befriedigung weiter entfernten, gesellschaftlich akzeptierten Form zu erfüllen (»Sublimation«), ist für Gesundheit und gesellschaftliche Anerkennung wichtig. Das »Fressen« von Büchern ersetzt dann das Essen großer Mengen an Nahrungsmitteln. Als entwicklungsfördernde Botschaft dieser Sichtweise kann vereinfachend formuliert werden: »Kinder – und auch Erwachsene – sollte man, soweit das geht, gewähren lassen, wenn man ihnen Gutes tun will«. Allerdings sieht die Triebtheorie auch die Notwendigkeit von zeitgerechten an die Entwicklung angepassten Enttäuschungen (»Grenzen«) vor, an denen gelernt werden kann.

Die deutliche entwicklungspsychologische Ausrichtung innerhalb dieses Modells kann Therapeuten helfen, sich mit ihren Patientinnen und Patienten zu identifizieren und so emotionale Verbundenheit zu gestalten. Therapeut und Patient standen und stehen vor ähnlichen Entwicklungsaufgaben. Der Rückgriff auf diese Situation fördert Teilnahme und Empathie. Triebtheoretisch wird von abgrenzbaren Phasen der kindlichen Entwicklung ausgegangen. Mit der körperlichen Reifung stehen Kinder vor jeweils neuen Entwicklungsaufgaben mit charakteristischen interpersonellen Konflikten und Ängsten. Diese kindlichen Entwicklungsphasen werden in triebtheoretischen Konzepten beschrieben und dann zur kurzen Benennung von Verhaltensweisen Erwachsener verwendet. Manche dieser Begriffe sind in das alltagspsychologische Verständnis eingegangen. So beschreibt etwa »orale Phase« einen Zeitraum, in der Erfahrungen überwiegend über den Mund und das Saugen an der Brust gesammelt werden. Mit diesem Zeitraum werden Konflikte um das Annehmen von Versorgung und bestimmte depressive Verhaltensmuster in Verbindung gebracht. »Anale Phase« beschreibt die Zeit der »Sauberkeitserziehung« im 2. und 3. Lebensjahr mit Konflikten um Anpassung und Autonomie und mit einem Bezug zu zwanghaften Verhaltensmustern. Hier geht es um Konflikte im Bereich von Kontrolle und Unterwerfung, um Ordnung und Eigensinn. In ihrer alltagspsychologischen Kurzform wirken manche Begriffe der Triebtheorie »angestaubt«. Erst in Verbindung mit einem dynamischen Verständnis der für die Entwicklungsphasen charakteristischen Konflikte bleibt die enge Verbindung zum Körperlichen spannend und für die klinische Arbeit anregend (z. B. Müller-Pozzi, 2008). Aktuelle Modelle zum Verstehen somatoformer Störungen (z. B. Rupprecht-Schampera, 1997; Storck & Warsitz, 2016) beschreiben die Schicksale dieser Wünsche in Abhängigkeit von den Reaktionen der Umwelt.

Beispiel: Klinisch kann ein Auftreten körperlicher Beschwerden (als »Mikrosymptome« in der therapeutischen Arbeit) als ein Versuch verstanden werden, das Erleben starker Affekte in der dyadischen Beziehung (z. B. Nähe und Bezogenheit zum Therapeuten oder Enttäuschungswut) über die Beschäftigung mit etwas »Drittem« (dem Symptom) zu regulieren. So wird eine andere Form der Beziehung zum Therapeuten hergestellt (eine trianguläre Struktur, siehe unten). Das aufmerksame Beachten des Auftretens von somatischen Mikrosymptomen trägt dann zum Verstehen von (triebnahen) Wünschen bei und erschließt biografische Aspekte (Wurden z. B. in der Familie starke Affekte dadurch moderiert, dass körpernahe Versorgungshandlungen oder Pflegehandlungen einsetzten?).

Auch zum Verstehen und zur Differenzierung unterschiedlicher Formen depressiven Reagierens tragen triebtheoretische Konzepte bei.

Die *Ich-Psychologie* beschreibt, wie sich die Bewältigung von Aufgaben über die Lebensspanne und unterschiedliche soziale Kontexte entwickelt. Das »Ich« vermittelt dabei zwischen Es (und den mit ihm verbundenen, oben beschriebenen »triebhaften« Wünschen), den verinnerlichten Anforderungen des Über-Ich und der Umwelt. Eine möglichst funktionale Abwehr mit den Fähigkeiten, sofortige Befriedigung aufzuschieben und Ängste zu bewältigen, bekommt hier eine große Bedeutung. Sie muss die subjektive innere Welt eines Menschen, seine Anpassung an wechselnde Anforderungen der äußeren Welt und die Realitätsprüfung berücksichtigen (A. Freud, 1936). Es wird davon ausgegangen, dass die Fähigkeit zur Anpassung, Realitätsprüfung und Abwehr in der Entwicklung langsam erlangt wird und sich mit der Zeit entfaltet. Die Ich-Psychologie beachtet besonders die Fähigkeit, sich auf unterschiedliche soziale Situationen einstellen zu können. Schwierigkeiten, sich an gesellschaftliche und institutionelle Bedingungen anzupassen, werden als bedeutsame Ursache von Störungen betrachtet. Zusammengefasst und etwas vereinfachend kann diese Auffassung zu einem an Normen orientierten Denken führen, in dem eine nach bestimmten Kriterien »optimale« Entwicklungsförderung angestrebt wird. Die Kriterien selbst, so beschreiben es Kritiker der Ich-Psychologie, werden dann nicht mehr oder zu wenig hinterfragt. Aufgabe von Therapeuten ist es in diesem Modell, für die Entwicklung von Funktionen des Ich möglichst gute Bedingungen zu schaffen. In der therapeutischen Arbeit gefördert (und aus entwicklungsorientierter Sicht »nachentwickelt«) werden z. B. Fähigkeiten, auf sofortige Befriedigung von Wünschen zu verzichten (Frustrationstoleranz), Gefühle differenziert wahrzunehmen und für die Steuerung des eigenen Verhaltens zu nutzen (Affektwahrnehmung und Affektdifferenzierung), die Fähigkeit, Auswirkungen des eigenen Verhaltens auf andere zu antizipieren und die Toleranz gegenüber Unsicherheit und Uneindeutigkeit (Ambiguitätstoleranz). Auch Empathie mit anderen und mit sich selbst, die Fähigkeit, sich in andere Menschen einzufühlen und eigene Wünsche und Bedürfnisse zu erkennen, kann als eine solche Ich-Funktion beschrieben werden. Dieses Modell der Psychoanalyse ist in moderner Form der akademischen Entwicklungspsychologie nah und mit ihr gut kompatibel.

Das *objektbeziehungstheoretische Modell* konzentriert sich auf die Geschichte unserer wichtigen Beziehungen in uns – auf die Bildung von Repräsentationen dieser Erfahrungen als innere »Repräsentanzen«. Kinder sind von Geburt an unterschiedlich und stoßen auf unterschiedliche familiäre und soziale Welten. Vorstellungen von anderen und damit einhergehenden Erwartungen werden vor dem Hintergrund dieser unterschiedlichen biologischen Voraussetzungen und sozialer Erfahrungen gebildet. Damit beeinflussen sie die Wahrnehmung und Bewertung zukünftig folgender Erfahrungen – und damit wiederum die Wahrnehmung von anderen und von sich selbst. Eine Einengung der Beziehungsmöglichkeiten auf wenige, sich wiederholende Muster wird als ein unglücklicher und pathogenetisch wichtiger Faktor betrachtet. Gut für Kinder und im späteren Leben für Erwachsene ist es daher, wenn Kinder feinfühlige und auch vielfältig unterschiedliche Erfahrungen in ihren Beziehungen machen.

Das objektbeziehungstheoretische Modell ist in Deutschland vor allem durch die Arbeiten zu schwereren Entwicklungsstörungen wie der Borderline-Persönlichkeitsstörung von Kernberg (z. B. 1975) und über die Arbeiten von Melanie Klein bekannt geworden. Hier wird die Bedeutung genetisch verankerter Vorannahmen zu Beziehungen betont und zugleich auf die Rolle der Phantasie eingegangen, die das kindliche (und erwachsene) Erleben prägt und auch zur nachträglichen Überarbeitung und Bewertung von Erfahrenem beiträgt. Entwicklung ist in diesem Modell mit einer Integration zunächst aktiv getrennt gehaltener Erfahrungen – guter und schlechter Bilder von anderen und von sich selbst – verbunden. Besonders Melanie Klein hat bereits bei kleinen Kindern (in ihrem ersten Lebensjahr) ein reiches inneres Erleben mit der Wahrnehmung von Konflikten und der Abwehr bedrohlicher Vorstellungen beschrieben. Aus dieser Perspektive kann formuliert werden, dass es weniger wichtig ist, wie eine Mutter »wirklich gewesen« ist, als wie sie von diesem – individuellen – Kind erlebt wurde.

Das *selbstpsychologische Modell* (Kohut, 1976, 14. Aufl. 2007) beschreibt die Entwicklung eines differenzierten und ganzheitlichen Gefühls für das eigene »Selbst« und die dabei zu bewältigenden Aufgaben. Ein anhaltendes Gefühl des eigenen Wertes entsteht bei der Selbstentwicklung innerhalb eines ausreichend guten Umfelds. Vor dem Hintergrund eines interindividuell unterschiedlichen subjektiven Erlebens werden die Entwicklung von Vorstellungen und Bildern von uns selbst und die damit einhergehenden Beziehungsmuster zu anderen Menschen dargestellt. Als Ursache von Störungen im Erwachsenenalter rücken überfordernde Enttäuschungen mit frühen Bindungspersonen, die sich nicht ausreichend empathisch auf das Kind einstellten, in den Vordergrund. Andere Menschen werden als das eigene Erleben stabilisierende Objekte – »Selbstobjekte« betrachtet. Dieser Aspekt menschlicher Beziehungen bleibt lebenslang wichtig. Lob und Anerkennungserfahrungen fördern eine gesunde Entwicklung. Enttäuschungen der kindlichen und für die Entwicklung notwendigen Größenvorstellungen sollten als gut verarbeitbare (»optimale«) Frustrationen erfolgen.

Selbstpsychologische Konzepte sind hilfreich, um Störungen des Selbsterlebens und ihre interpersonellen Auswirkungen zu verstehen.

- Je nach Umfeld differenzierte, zugleich stabile und flexible Grenzen gegenüber anderen Menschen,
- ein Gefühl der Kontinuität des eigenen Handelns und Erlebens und
- Fähigkeiten in der Regulation des Selbstwerts

werden auf gelingende Anerkennungserfahrungen zurückgeführt. Daher ist elterliche Feinfühligkeit in Hinsicht auf die Bestätigung des Erlebens eines Kindes in diesem Modell besonders wichtig. Größenvorstellungen und die Verachtung anderer Menschen werden als Versuche verstanden, Störungen im subjektiven Selbsterleben auszugleichen. Die entwicklungspsychologische Dimension bietet in diesem Modell wieder eine Möglichkeit, sich probeweise mit – sonst schwierig empathisch zu verstehenden – Patienten zu identifizieren und auf diese Weise zusätzlich zu einer objektivierenden Beschreibung einen emotionalen Zugang vor allem zu narzisstisch gestörten Menschen zu gewinnen.

Aktuelle Entwicklungen greifen selbstpsychologische und andere entwicklungspsychologische Aspekte auf. Sie untersuchen die vielfältigen Aspekte der Interaktion in der Beziehung zwischen Analysand und Analytiker mit ihren wechselseitigen Beeinflussungen. In der *relationalen Psychoanalyse* (Mitchell, 1988), die als eine weitere »Psychologie« der Psychoanalyse aufgefasst werden kann, sind Modelle aus der empirischen Säuglingsforschung für die Konzeptualisierung therapeutischer Interaktionen von Bedeutung. Soziale Beziehungen und Interaktionsprozesse sind in diesen Modellen grundlegend für die Entwicklung des mentalen Systems – nicht umgekehrt. Beebe und Lachmann (2004) beschreiben, wie interaktive Prozesse entstehen und zu Veränderungen führen. Forschung erfolgt hier überwiegend in dyadischen Beziehungen – Interaktionen in therapeutischen Beziehungen und dyadischen Situationen zwischen Mutter und Kind werden verglichen. In Deutschland sind mit der psychoanalytisch-interaktionellen Methode (Heigl-Evers & Heigl, 1973) zunächst in Gruppen Konzepte entwickelt worden, in denen die Gestaltung von Interaktionen im Vordergrund steht. Hier wird ein beziehungsorientierter intersubjektiver Ansatz im therapeutischen

Arbeiten konzeptualisiert. Veränderungen des interpersonellen Verhaltens führen dann zu Veränderungen von inneren Mustern und Repräsentanzen.

Die *Strukturale Analyse* Lacans hat keine eigene Entwicklungspsychologie entwickelt. Dennoch trägt sie mit ihrem Fokus auf symbolische, vor allem sprachliche Prozesse etwas Spezifisches zum Verstehen von Entwicklungsvorgängen bei. Die Beschäftigung mit den Theorien Lacans in diesem Buch stellt eine gewisse Zumutung für Leser dar. Sie müssen sich nicht nur in eine ungewohnte Begrifflichkeit einlesen, sondern sich auch noch mit einer nur kursorischen Darstellung des Themas zufriedengeben. So ist das »Selbst« kein von Lacan verwendeter Begriff. Er zieht ihm die Bezeichnung »Subjekt« vor. Damit grenzt er sich klar von Theorien ab, die einer Entwicklungslogik folgen, in denen frühere Entwicklungsstadien spätere begründen. Im Prinzip sind die verschiedenen Strukturen des Subjekts Ausdruck diskontinuierlicher Zustände. Die Konstituierung des Subjekts erfolgt aus Lacans Sicht sprunghaft, ohne Übergang. Infantilität begreift er wörtlich als anfängliche Sprachunfähigkeit, da »infans« im Lateinischen »stumm« sein oder »lallend« bedeutet. »Subjekt« dagegen heißt übersetzt, der Sprache unterworfen (subjicere) zu sein. Um diesen Aspekt soll es im Folgenden gehen, nämlich zu skizzieren, wie Lacan das Subjekt primär als von der Ordnung der Sprache, der symbolischen Ordnung her verfasst betrachtet.

Ein fundamentaler Unterschied zu anderen Entwicklungstheorien liegt darin, dass Lacan das Subjekt aus der Alterität konzeptualisiert. Alterität meint hier eine »konstitutive Andersheit«. Diese konstitutive Andersheit geht dem Subjekt voraus. Die symbolische Welt existiert vor ihm, bevor das Subjekt sich seiner selbst bewusst wird, und konstituiert es. Das pointiert Lacan, wenn er sagt, das symbolisch verfasste Subjekt sei in erster Linie das Produkt einer diskursiven Erfahrung mit (einem) Anderen, bspw. zuerst repräsentiert durch den mütterlichen Anderen als Vertreter einer symbolischen Ordnung und damit von Sprache und Sprechen: Das Du geht dem Ich voraus.

Mit einem ganz anderen methodischen Ansatz trägt die *Bindungstheorie* zum Verstehen von Entwicklungen bei. Sie wurde stärker als die vorangegangenen Theorien von der akademischen Entwicklungspsychologie rezipiert und hat diese ihrerseits bedeutend beeinflusst. Die

Bindungstheorie und ihre Weiterentwicklungen zählen zu den psychoanalytischen Theorien, auch wenn dies nicht in der gesamten psychoanalytischen Welt so gesehen wird (z. B. Fonagy & Campbell, 2015, dt. 2017). Sie geht von dem Bedürfnis kleiner Kinder nach Sicherheit in der Beziehung zu ihren Müttern aus. Die Sicherung dieser Beziehung, auf die Kinder existentiell angewiesen sind, hat Vorrang vor anderen Bedürfnissen. Die Fähigkeit, sich über Bindungen Sicherheit zu verschaffen, ist über das ganze Leben für die Bewältigung von Entwicklungsaufgaben bedeutsam. Hilfe von anderen Menschen zu gewinnen und anzunehmen, bleibt ein wichtiger Schutzfaktor. In der Bindungstheorie wird beschrieben, wie Kinder sich an das Verhalten ihrer Mütter anpassen. Dies ist ein wechselseitiger Prozess. Der Begriff der »mütterlichen Feinfühligkeit« beschreibt, wie gut oder schlecht eine Mutter die Signale ihres Kindes versteht, geeignete beruhigende Verhaltensweisen findet und die Reaktionen des Kindes angemessen bewertet. Auch die Bindungstheorie ist aus der klinischen Arbeit entstanden. Ihre Konzepte wurden dann aber rasch empirisch geprüft und weiterentwickelt. Beobachtungen an Kindern und Vergleiche mit Befunden der Verhaltensforschung an Tieren zeigten überzeugend ein eigenständiges Bedürfnis nach Bindung. Kinder versuchen, Bindung über unterschiedliche Strategien und in Anpassung an das Verhalten der Mutter zu sichern. Experimentell lassen sich unterschiedliche »Typen« von Bindungsverhalten beobachten. Eine »sichere Bindung« wird als gute Grundlage für die weitere Entwicklung eines Kindes angesehen. Sie bietet die Möglichkeit, vergleichsweise frei zwischen dem Erkunden der Umwelt (Exploration) und dem Erleben der Eltern als »sicherer Hafen« hin und her zu pendeln. Exploration kann daher relativ angst- und konfliktarm und mit einer Rückversicherung durch die Eltern geschehen. Wenn sich die Mutter oder der Vater nicht ausreichend an die Bedürfnisse ihres Kindes anpassen, entwickeln Kinder Strategien, mit denen sie »über Umwege« eine gewisse Sicherheit erreichen können. Diese Beziehungsmodi werden als »unsicher-ambivalent« oder »unsicher-vermeidend« beschrieben (▶ Kap. 4). Sie sind mit stärkeren Konflikten, erhöhter Angst und mehr Stress verbunden und gelten als Risikofaktoren für spätere Störungen. Dennoch gelingt es Kindern auch hier, sich an die Bedingungen ihrer Umwelt so anzupassen, dass sie sich ein Bild von den zu erwartenden Reaktionen ihrer Bindungspersonen machen können. Sie erleben diese daher in der Regel als verlässlich. Gelingt eine solche Anpassung nicht, wird dies als »Desorganisation« im Bindungsverhalten beschrieben.

Dieses Modell hat einen erheblichen Einfluss auf Entwicklungen in Kindergärten und Krippen. Mit einem besseren Verständnis für Übergänge vom Elternhaus in die Krippe, von dort in den Kindergarten und vom Kindergarten in die Schule entwickelten sich Eingewöhnungsmodelle, in denen darauf geachtet wird, eine angemessene Lösung von den Bindungspersonen zu schaffen. Eine solche zeitweise Trennung erfordert dann, dass Kinder eine andere Person in der Krippe oder im Kindergarten so kennenlernen, dass sie diese als Bindungsperson annehmen. Auf diese Weise kann Angst und Stress gemindert werden.

Die aufgeführten Modelle schließen sich nicht gegenseitig aus. Sie eignen sich für unterschiedliche Entwicklungsphasen und zum Verstehen unterschiedlicher Menschen unterschiedlich gut und können sich in der Annäherung an ein Gesamtbild ergänzen. Zu Darstellungen wichtiger Vertreter psychoanalytischer Entwicklungstheorien und ihrer Beiträge siehe Streeck-Fischer (2018).

## 2.3 Ordnungsversuche und »Bilder vom Kind«

In der psychoanalytischen Entwicklungspsychologie bleibt bis heute die Bezugnahme auf eine vertikale Perspektive dominierend: Die Eltern, in der weiteren Entwicklung der psychoanalytischen Theorien überwiegend die Mutter, und die Beziehung des Kindes zur Mutter bzw. den Eltern werden betrachtet. Beziehungen zu Geschwistern, Freunden, Liebespartnern spielten für die Konzeptualisierung und Konstruktion von Entwicklungen eine vergleichsweise geringere Rolle. Ein solcher Fokus auf einer »dyadischen« Zwei-Personen-Beziehung dient zunächst der Verringerung von Komplexität. Dies ist für Forschung an Grundlagen ein sinnvoller Weg. Klinisches Denken und Verstehen kann durch die

Übernahme von solchen »empirisch gesicherten« Modellen aber auch eingeschränkt werden. Schon das Denken in triadischen Perspektiven, mit »ödipalen« Konflikten und unterschiedlichen Perspektiven von Kind, Mutter und Vater, erschwert es, Gewissheiten zu finden. Auch kulturelle Einflüsse erhalten oft wenig Aufmerksamkeit. Ziel ist es häufig, kulturell übergreifende Muster (z. B. Bindungstypen oder den Ödipuskomplex) zu finden und zu untersuchen. Erst mit Erreichen der Adoleszenz wird die Bedeutung der Kultur deutlicher thematisiert – etwa in dem Modell, Kinder würden zunächst in die Familie, dann (in der Adoleszenz) in die Gesellschaft sozialisiert.

Die Fokussierung der Aufmerksamkeit auf die Mutter-Kind-Dyade hat praktische Auswirkungen – etwa zur Frage der Bedeutung von Mehrpersonenbeziehungen in den ersten Lebensjahren, zur Frage des Umgangsrechts der Väter oder der Krippenerziehung. Die Psychoanalytiker und empirischen Entwicklungsforscher von Klitzing und Stadelmann (2011) fragen, ob Psychoanalytiker mit ihren Vorstellungen und Idealisierungen einer frühen Mutter–Kind-Beziehung nicht »weit hinter unserer Zeit herlaufen«. Die konzeptuelle Beschränkung auf dyadische Muster wird auch mit Verweis auf empirische Befunde kritisiert. Schachter (2005, dt. 2006, S. 466) schreibt,

> »entwicklungspsychologische Studien zum Bindungsverhalten zeigen einen vergleichsweise schwach ausgeprägten Zusammenhang mit Störungsmustern bei Erwachsenen. Dass sich solche Studien in erster Linie auf die Mutter-Kind-Beziehung konzentrieren, ohne das Gewicht von Bindungen an andere Bezugspersonen wie Geschwister oder Spielkameraden zu berücksichtigen, und dass sie das Kind nicht wie ein Wesen behandeln, das sich weiterentwickelt, wird kritisiert«.

So ergibt sich erneut ein mehrdeutiges Bild des Kindes und der Kinder: Auf der einen Seite wird die hohe Bedeutung der ersten Lebensjahre für die weitere Entwicklung in unserer Kultur inzwischen mit hoher Übereinstimmung geteilt, auch in der akademischen Psychologie (etwa Oerter & Montada, 2008, S. 94 f.). Auch die psychoanalytische Sicht auf das Kind als aktives Subjekt, das die Beziehung zu den Eltern und der Welt früh mitgestaltet, wird Teil des akzeptierten Allgemeinwissens. Frühe Beobachtungen von Sigmund Freud, Anna Freud, Melanie Klein und anderen trugen dazu bei, Kinder als handelnde Subjekte in Beziehungen zu betrachten. Das Buch von Martin Dornes »Der kompetente Säugling« (1993) hat in Deutschland eine wichtige Funktion zur Popularisierung dieser Auffassungen und zur Aufklärung über frühe kindliche Kompetenzen übernommen.

Wir haben oben gesehen, dass psychoanalytische Theorien unterschiedliche Aspekte von Entwicklung in den Blick nehmen – selbst wenn sie alle einem subjektiven, verstehenden Ansatz verpflichtet sind. Die Vielfalt möglicher Perspektiven auf Entwicklung muss durch einen Überblick über Entwicklungsmodelle aus anderen Wissenschaften ergänzt werden. Subjektivität und ihre Entwicklung kann nicht gut ohne einen Bezug auf somatische, kognitive, gesellschaftliche und kulturelle Entwicklungen verstanden werden. Dabei können vier Sichtweisen unterschieden werden:

- Die normativ beschreibende der in einem bestimmten Lebensalter zu erwartenden Fähigkeiten,
- die Reihenfolge der interpersonell wirksamen »Organisatoren« (Verhaltensweisen wie soziales Lächeln oder Fremdeln, siehe unten) von Entwicklungsschritten,
- neurobiologische Aspekte von Entwicklung und
- Veränderungen des Selbstbilds.

Eine erste Möglichkeit der Darstellung von Entwicklung ist die Orientierung an der Entwicklung durchschnittlich zu erwartender *Fähigkeiten*. Sie spielt vor allem in den frühen Lebensjahren eine große Rolle – beim Lernen von Schlafen, Sprechen, Essen, dem Erwerb von Kontrolle über den Stuhlgang, dem Lesen usw. Für Kinder lassen sich hier normative Erwartungen von Entwicklungen in den verschiedenen Bereichen formulieren. Im jungen Erwachsenenalter, im Erwachsenenalter und höheren Alter gelingt dies schwerer. Hier wird immer deutlicher, wie sich Entwicklungsaufgaben differenzieren. In Abhängigkeit vom Lebensalter und von sich verändernden gesellschaftlichen Bedingungen wird es schwieriger, für bestimmte Lebensphasen Listen der zu erwartenden Fertigkeiten zu erstellen.

Einfacher – und in den Kapiteln 4, 5 und 6 dargestellt (▶ Kap. 4, ▶ Kap. 5, ▶ Kap. 6) – ist es, Veränderungen der affektiven Regulation von Beziehungen zu beschreiben, die an die kognitive und somatische Reifung gebunden sind. Hier hat René Spitz (1965) anhand sorgfältiger Beobachtungen vier »*Organisatoren*« von Entwicklungsvorgängen entwickelt. Sie sind auf die interpersonelle Regulation von Verhalten bezogen:

- Das noch nicht an die Wahrnehmung einer Person gebundene Lächeln des Neugeborenen, das »Engelslächeln« der ersten zwei Lebensmonate wird ersetzt durch das »Dreimonatslächeln«, das ein Erkennen eines zugewandten menschlichen Gesichts beschreibt und eine Interaktion einleitet.
- Die etwa im achten Lebensmonat beginnende Fremdenangst, die deutlich macht, dass das Kind unterscheiden kann zwischen vertraut und unvertraut und dass es aktiv auf Erinnerungsspuren zur Interpretation einer Situation zurückgreift.
- Das »Nein« des Kindes und der Beginn des sich »Selbst«-Behauptens im Trotz im zweiten und dritten Lebensjahr.
- Und das Erreichen von Objektkonstanz (und, so wäre heute zu ergänzen: Mentalisierungsfähigkeit in triadischen Beziehungen) im Alter von etwa vier Jahren.

Für zahlreiche psychoanalytische Konzepte finden sich inzwischen *neurobiologische Korrelate*. Kapitel 3 geht auf die Entwicklung von Individualität ein (▶ Kap. 3). Sie ist auch mit einem Verlust von möglichen Kompetenzen durch den Abbau von Nervenzellen verbunden, die in den ersten Lebensmonaten nicht »benutzt« werden. Dieser Entwicklungsprozess wird als ein »Ausjäten«, »Priming« beschrieben. An vielen Stellen des Buches wird auf die mit diesen Einschränkungen weiter bestehende hohe Flexibilität des menschlichen Gehirns Bezug genommen. Lebenslanges Lernen ist mit einem Erleben und Bewältigen von Konflikten verknüpft. Es zeigt sich auch in Umbauten an der »Hardware« unseres Gehirns, seiner »Struktur« (siehe unten).

Mit den Veränderungen des Erlebens anderer Menschen verändert sich auch das *Selbstbild* eines Menschen. Aus einer subjektiven Sicht kann für die verschiedenen Entwicklungsphasen formuliert werden:

- »Ich bin, was Du mir zeigst« charakterisiert die Erfahrungen des Kindes mit der frühen Affektregulation in dyadischen Beziehungen. Vor allem die Mutter benennt und »spiegelt« in unserer Kultur das Erleben ihres Kindes (▶ Kap. 4).
- »Ich bin ›der‹ oder ›die‹ für Dich« drückt die Erfahrungen des aktiven Erprobens der Geschlechtsrolle und des Findens des eigenen Platzes in der Familie in der ödipalen Entwicklungsphase aus (▶ Kap. 7).
- »Ich bin, was ich kann« kennzeichnet das Erleben eines Kindes in der Latenzphase (»Ich kann schon lesen«, »Ich gehe schon in die Schule«, »Ich kann schon Radfahren«; ▶ Kap. 9).

Die in diesem Abschnitt kurz dargestellten somatischen, kognitiven und das Selbstbild betreffenden Entwicklungsschritte verändern dauerhaft das Erleben eines Menschen. Solche dauerhaften Veränderungen – auch wenn sie in einem nicht unerheblichen Maße flexibel bleiben – werden als »Struktur« bezeichnet. Seelische Strukturen bilden den stabileren Hintergrund des subjektiven Erlebens eines Menschen, das aus psychoanalytischer Perspektive meist unter dem Modell äußerer und innerer Konflikte betrachtet wird. Der folgende Abschnitt beschreibt die Bildung solcher Strukturen.

## 2.4 Strukturbildung und Konflikte

Entwicklung verändert die seelische Struktur und beeinflusst damit das Erleben und Bewältigen aktueller Konflikte. Der Kontext des individuellen Erlebens oder Verhaltens ist entscheidend – einfache Kausalbeziehungen im Sinne eines »Wenn-dann« können daher nur sehr eingeschränkt gelten. Die »Mehrfachdeterminierung« menschlichen Verhaltens trägt dazu bei, gebildete Strukturen als Ergebnis eines Zusammenspiels vieler unterschiedlicher Faktoren anzusehen.

Struktur beschreibt die wenig variablen Aspekte von Verhalten und Erleben, wie sie durch eine Fremdbeobachtung erfasst werden. Beobachter führen Verhalten weniger auf äußere Ereignisse zurück und berücksichtigen stärker Persönlichkeitsaspekte (»Sie kommt immer zu spät, weil sie die Aufmerksamkeit genießt, die sie damit kriegt«). Aus einer solchen Perspektive beschreibt *Struktur* ein Netzwerk zeitlich überdauernder, individuell ausgestalteter Repräsentanzen und Ich-Funktionen, mit dem intrapsychische und interpersonelle Prozesse reguliert werden (Arbeitskreis OPD, 2014). Struktur entsteht in Beziehungen – sie wird »gelernt« – in einem Wechselspiel von angeborenen Merkmalen (z. B. dem »Temperament« eines Kindes) und deren Aufnahme durch die Umwelt. Entwicklung führt zu – neuen oder veränderten – Strukturen. Vor allem bei Kindern ist daher deutlich zu beobachten, wie sich seelische Strukturen mit dem Alter ändern.

Kenntnisse der altersentsprechenden Entwicklung von Strukturen sind daher von hoher Bedeutung. Zu wissen, welche Kompetenzen ein Kind in welchem Alter besitzt und erwirbt und mit welchen lebensphasentypischen Konflikten sich ein Kind, ein Jugendlicher oder Erwachsener auseinandersetzt, hilft dabei, andere zu verstehen und Schuldzuweisungen zu vermeiden. Nicht selten werden von Eltern oder anderen Bezugspersonen bei Kindern Fähigkeiten vorausgesetzt und verlangt (etwa zur Antizipation der Folgen des eigenen Verhaltens auf andere und zur Steuerung des eigenen Verhaltens aufgrund von Einsicht), die Erwachsenen nicht oder nur selten zur Verfügung stehen. Vor diesem Hintergrund wird in der klinischen und der pädagogischen Arbeit zwischen Struktur- und Konfliktmodell unterschieden. Diese Unterscheidung ist oft nicht leicht zu treffen. Mit ihr verbundene Schwierigkeiten werden besonders deutlich, wenn die Differenzierung von struktur- und konfliktbedingten Verhaltensweisen bei erwachsenen Menschen versucht wird.

Ein Erfassen von inneren Konflikten (Konfliktmodell) erfordert als Grundhaltung ein empathisches Sich-Hineinversetzen in die Erzählungen eines Menschen, bei dem die Welt probeweise mit den Augen eines anderen gesehen wird. Diese empathische Betrachtungsweise entspricht der Selbstwahrnehmung eines Menschen und unterscheidet sich von der Position einer Fremdwahrnehmung (Strukturmodell). Aus der Position einer Selbstwahrnehmung oder eines empathischen Sich-Hineinversetzens in einen anderen werden Erlebens- oder Verhaltensweisen in der Regel auf äußere Ereignisse bezogen (»Ich bin zu spät gekommen, weil ein Stau war«). Die Perspektive auf den Stau (und vielleicht zukünftig dort auftretende Staus) ist für den Erzähler handlungsrelevant. Für den Fremdbeobachter sind dagegen die zeitlich überdauernden Merkmale der Person für die Vorhersage zukünftig zu erwartender Verhaltensweisen wichtig, die Persönlichkeitseigenschaften als ein Merkmal von Struktur (»Du kommst immer zu spät, weil Du nicht rechtzeitig losgehst«).

Werden sowohl (empathisch) die Konflikte als auch (beobachtend) die mit der Persönlichkeit eines Menschen verbundene Verhaltensweisen untersucht, zeigen sich meist rasch Verbindungen zwischen konfliktbedingter und »struktureller« Entstehung von Verhalten. Ein – ursprünglich – konfliktbedingtes Vermeiden von Verhalten führt mit der Zeit zu einem Verkümmern der entsprechenden Fähigkeiten: Nicht genutzte kognitive und emotionale Bewältigungsstrategien verkümmern ebenso wie nicht aktiv bewegte Muskeln. Zugleich werden die Bewältigungsstrategien, die sich bereits bewährt haben, vermehrt eingesetzt und damit verbundene Verarbeitungsweisen weiter gebahnt. Diese können kurzfristig erfolgreich, aber mittelfristig unglücklich und dysfunktional sein. Dann kommt es zu einer Interaktion struktureller und konfliktbedingter Störungsanteile, die sich im Sinne eines »Teufelskreises« wechselseitig verstärken. Diese Interaktion lässt sich gut mit neurobiologischen Konzepten zur Plastizität des Gehirns darstellen: Verbindungen zwischen Nervenzellen im Gehirn unterliegen einer beständigen erfahrungsabhängigen Umorganisation. Für das vorhergehende Beispiel bedeutet dies, dass die nicht genutzten kognitiven und emotionalen Bewältigungsstrategien aufgrund des Nichtgebrauchs »entknüpft« werden und sich zugleich neue Verbindungen verknüpfen, die die Informationen der bewährten Bewältigungsstrategien enthalten. Die Differenzierung von Struktur und Konflikt ist daher aus biologischer und psychologischer Perspektive oft nicht klar zu treffen. Sie hängt auch von der Sichtweise des Untersuchers ab.

Mit dem Berücksichtigen der Perspektive des Untersuchers als Beitrag zur Unterscheidung von Konflikt und Struktur werden auch Verbindungen zu den Sozial- und Geisteswissenschaften sichtbar. Sie können hier nur angedeutet werden. Die Vorstellung, dass ein Verstehen der eigenen Verhaltens- und Erlebensweisen vor dem Hintergrund der eigenen Lebensgeschichte einen Wert an sich darstellt, beruht auf der Idee einer Entscheidungsfreiheit, die sich aus diesem Wissen ableitet. Eine größere Freiheit im Handeln liegt in der Chance, Erlebtes nicht wiederholen zu müssen, sondern reflektieren zu können. Dies ist eines der übergreifenden Ziele des psychoanalytischen Arbeitens. Aus einem selbstverständlichen und nicht bewussten »So ist die Welt« soll ein »So war sie; sie kann auch anders sein und werden« entstehen. **Gabriel García Márquez (»Leben, um davon zu erzählen«) beschreibt seine Wertschätzung dieses Erinnerns:** »Nicht das, was wir gelebt haben, ist das Leben. Sondern das, was wir erinnern und wie wir es erinnern, um davon zu erzählen.« Er betont die Wichtigkeit, sich seiner Geschichte bewusst zu werden und sie erzählen zu können. Dabei werden zwei unterschiedliche Haltungen beschrieben:

### Archäologen und Architekten

Es ist oft strittig, wann es sich bei der Rekonstruktion von Sinnzusammenhängen um eine Annäherung daran handelt, wie etwas tatsächlich gewesen ist, und wann es sich um eine »konstruktivistische« Sinnstiftung handelt. Aus konstruktivistischer Sicht kommt es vor allem auf die Kohärenz an, den in sich logischen, sinnstiftenden Zusammenhang einer sich entwickelnden Geschichte – nicht auf die Annäherung an eine mehr oder weniger objektive Wahrheit. Die »rekonstruktive« Sichtweise geht davon aus, sich der Wirklichkeit anzunähern: z. B. mit einem »Ich bin für Trennungen anfällig und muss solche Situationen sorgfältig handhaben; dies hängt damit zusammen, dass meine Mutter nach dem Tod meines Vaters depressiv war und ich mich in Situationen, die mich daran erinnern, hilflos und verlassen fühle, wie damals«. Eine mit dieser Sichtweise verbundene therapeutische Haltung wird mit der des »Archäologen« verglichen.

Aus konstruktivistischer Perspektive kann es darum gehen, innerhalb einer diagnostischen oder therapeutischen Beziehung gemeinsam eine konsistente Geschichte zu konstruieren – eine Geschichte, mit der ein Patient in besserer Weise als zuvor zurechtkommt. So kann im Laufe einer Therapie aus einem »Ich bin ein Opfer meiner Eltern, die mich verlassen haben und kaum für mich da waren« etwas entstehen wie »Ich bin jemand, der Härten überstehen konnte«. Eine therapeutische Haltung, die nach »Nützlichkeit und Funktion« statt nach »Wahrheit« fragt, wird mit der eines »Architekten« verglichen.

**Zusammenfassung**

Die Vielfalt der psychoanalytischen Entwicklungsmodelle trägt mit ihren unterschiedlichen Sichtweisen zu einem breit angelegten Verstehen von Entwicklungsaufgaben bei. Triebtheorie, Ich-Psychologie, Selbstpsychologie, Objektbeziehungstheorie, Bindungstheorie, relationale und strukturale Analyse beschreiben unterschiedliche Modelle des Psychischen. Sie sind mit jeweils eigenen Bildern von Kindern und Kindheit verbunden. Mit dem Bewältigen von Konflikten und Entwicklungsaufgaben entwickeln sich psychische Strukturen. Ob Verhalten eher unter dem Gesichtspunkt des Erlebens von Konflikten oder besser als Ausdruck struktureller Entwicklungen beschrieben werden kann, hängt auch von der Haltung des Beobachters und den Modellen ab, die er verwendet.

Kritische Fragen an die psychoanalytischen Entwicklungspsychologie betrafen früher vor allem die Betonung der frühen Jahre für die Entwicklung eines Kindes. Die hohe Bedeutung dieser ersten Lebensjahre für die menschliche Entwicklung über die gesamte Lebensspanne wird inzwischen kaum noch bezweifelt. Aktuelle Fragen und Kontroversen beziehen sich auf die Bedeutung unbewusster Prozesse und Phantasien für die Entwicklung von Kindern, auf Veränderungen der Bedeutung von Lust und Sexualität und auf die Entwicklung von Identität unter sich verändernden gesellschaftlichen Bedingungen.

## Literatur zur vertiefenden Lektüre

Dornes, M. (2010). *Die Seele des Kindes* (3. Aufl.). Frankfurt am Main: Fischer.

Mertens, W. (2011). Entwicklungsorientierung in der Psychoanalyse – überflüssig oder unerlässlich? *Psyche Z. Psychoanal 65*, 808–831.

Mertens, W. (2010, 2011). *Psychoanalytische Schulen im Gespräch.* Bern: Huber.

Pine, F. (1990). Die vier Psychologien der Psychoanalyse und ihre Bedeutung für die Praxis. *Forum der Psychoanalyse Bd. 6, Heft 3*, 232–294.

## Fragen zum weiteren Nachdenken

- Welche Theorien der Psychoanalyse finden Sie überzeugend -welche befremden Sie eher?
- Beschreiben Sie Unterschiede und Wechselwirkungen von Konflikt und Struktur.
- Sehen Sie psychoanalytische Entwicklungspsychologie eher konstruktivistisch oder rekonstruierend – als Handwerkszeug eines Architekten oder eines Archäologen?

# 3 Pränatale Entwicklung und Geburt

»Die Geburt ist nicht der Anfang« (Krüll, 1989).

## Einführung

Kinder werden nicht als ein »unbeschriebenes Blatt« geboren. Genetische Prädispositionen, Erfahrungen der Eltern vor und während der Schwangerschaft sowie Erwartungen und Vorstellungen von Eltern nehmen Einfluss auf das Temperament und die seelische Entwicklung eines Menschen – auf seine Stressverarbeitung, die Fähigkeit zur Selbstberuhigung, die Motivation, die Impulshemmung, auf Bindung und Empathie sowie die Risiko- und Realitätswahrnehmung (Roth & Strüber 2018; Jimenez et al., 2018). Während sich viele kognitive Funktionen erst nachgeburtlich ausbilden, werden Aspekte des impliziten, unbewussten Beziehungswissens schon vorgeburtlich ausgebildet.

Vor ihrer Geburt erleben Kinder die Welt über ihre eigenen Sinne und – über die Nabelschnur an den physiologischen Reaktionen teilnehmend – über die Affektivität ihrer Mutter. Veränderungen physiologischer Parameter und die Ausschüttung von Hormonen prägen die biologischen »Einstellungen« bereits intrauterin. Dieses Kapitel geht auf Aspekte der Entwicklung bis zur Geburt eines Kindes ein, die für eine Betrachtung aus psychoanalytischer Perspektive von Bedeutung sind. Ergebnisse der genetischen und epigenetischen Forschung sind aufgeführt, wenn sie zum Verständnis von Entwicklung und Psychotherapie beitragen.

### Lernziele

- Grundlagen genetischer und epigenetischer Modelle und deren Rezeption in der Psychoanalyse kennen.
- Sich das Erleben eines Fötus und den Einfluss der elterlichen Einstellungen zum Kind vorstellen können.
- Wege des Einflusses der frühen Eltern-Kind-Beziehung auf die Entwicklung des Kindes kennen.
- Die Geburt als Übergangssituation und als Trauma diskutieren können.

## 3.1 Biologische und neurobiologische Grundlagen und Modelle

Biologische Entwicklungsmodelle spielen in den Theorien der Psychoanalyse eine erhebliche Rolle. Sie können als Grundlage psychischer Prozesse verstanden werden. Ältere Modelle werden heute vielfach nur noch als Metaphern der Entwicklung verstanden – psychisches Erleben und biologische Grundlagen sind dann wenig miteinander verbunden. Aktuelle Forschungen haben historisch alte Modelle aber in mancher Hinsicht bestätigt. Auf drei dieser Modelle

- Darwin und der Einfluss genetischer Faktoren,
- Lamarck und die Epigenetik,
- Häckel und das Verbleiben von Vorstufen der Entwicklung

wird daher hier kurz eingegangen.

*Darwins Modell* der Entwicklung der Arten wird den Lesern vertraut sein: Die Erbinformation eines Menschen ist in Form von Genen gespeichert. Diese liegen weitgehend in doppelter Form vor. In Ei- und Samenzellen wird aus dieser doppelt (als zwei »Allele«) vorliegenden Information ein einfacher Satz hergestellt. Diese »zufällige« Auswahl der

Allele und ihre Neukombination bei der Bildung einer Ei- oder Samenzelle und ihre Verschmelzung zu einem neuen, doppelt vorliegenden Satz an Erbinformationen führen dazu, dass jeder Mensch eine einzigartige Kombination genetischer Informationen erhält. In einer bestimmten Umwelt sind bestimmte Allele besser geeignet als andere. Individuen mit diesen Allelen überleben häufiger und pflanzen sich häufiger fort, als andere. So kommen diese Allele immer öfter vor – Arten verändern sich über die Anpassung an eine gegebene Umwelt.

Aus heutiger Sicht muss dieses einfache Modell ergänzt werden. Die besondere Form der Weitergabe von Genen erzeugt Variabilität – jeder Mensch ist genetisch besonders. Diese Differenzierung von Eigenschaften sorgt innerhalb eines Gruppengefüges für Variabilität – unterschiedliche Individuen haben unterschiedliche Kompetenzen und Vulnerabilitäten. Das Überleben von Menschen – und damit die Weitergabe von bestimmten Allelen – ist aber nicht allein über eine *individuelle* Selektion erklärbar (Darwins »Survival oft he fittest«). Menschen sind auf das *Überleben ihrer Gruppe* angewiesen, um selbst überleben zu können. Soziale Faktoren spielen für die Selektion genetischer Informationen daher eine große Rolle. Schützt ein Individuum durch sein Handeln Verwandte (seine Gruppe, die ja auch seine Gene in sich tragen), setzt es damit seine Gene langfristig durch. Altruistisches Handeln und genetische Variabilität innerhalb einer Gruppe erweisen sich so durchaus als vorteilhaft.

Genetische Variabilität ist auf unterschiedliche Weise bedeutsam. Für unsere Überlegungen hier ist wesentlich, dass sich genetische Anlagen deutlich auf das psychische Erleben und das Verhalten eines Menschen auswirken. Die Bedeutung dieses Anteils wird in der Regel unterschätzt. Er liegt – mit einer gewissen Variabilität – für die meisten psychologischen Parameter im Durchschnitt zwischen 30 % und 50 %. Dabei ist der Zusammenhang zwischen genetischen und umweltbezogenen Faktoren nicht einfach additiv. Vielfach werden genetische Aspekte nur unter bestimmten Umwelteinflüssen wirksam: Adoptivkinder mit genetischem Risiko, in normalen Familien antisozial zu werden, und Adoptivkinder ohne genetisches Risiko in antisozialen Familien haben beide ein geringfügig erhöhtes Risiko, selbst antisozial zu werden. Liegen jedoch soziale und biologische Faktoren zusammen vor (genetische Prädisposition und Aufwachsen in belasteten Familien), erhöht sich das Risiko, selbst antisozial zu werden, erheblich.

*Lamarck*, ein heute weitgehend vergessener »Gegenspieler« Darwins, hat eine Theorie entwickelt, nach der auch Erfahrungen und Vorstellungen von Eltern an ihre Kinder »genetisch« weitergegeben werden können. Freud hat diese Idee vor dem Hintergrund seiner klinischen Erfahrungen mit großem Interesse betrachtet – auch wenn sie mit dem Modell von Darwin nicht vereinbar schien. Heute können wir eine »epigenetische« Weitergabe von Informationen tatsächlich beschreiben. Über eine regelmäßige Nutzung bestimmter Gene (ein häufiges »Ablesen«) verändert sich die »Verpackung« dieser Gene, das »Methylisierungsmuster«. Dadurch wird die Transkription, die Umsetzung der genetischen Information in den Aufbau von Molekülen beeinflusst. Diese prinzipiell erfahrungsabhängig reversiblen Muster haben entscheidende Bedeutung für die Regulierung der Genaktivität. Die Modifikation der Genaktivität durch Methylierung wird als Epigenetik bezeichnet. Viele dieser erfahrungsabhängigen Informationen werden über Ei- und Samenzellen weitergegeben und bestimmen dann weitere Entwicklungen – die Verteilung von Fettzellen (nach Hungerphasen der Eltern), die Entwicklung der Körperform, Verhaltensweisen, die auch mit späterem sozialen und beruflichen Erfolg zusammenhängen, und die Entwicklung von posttraumatischen Erkrankungen, Depressionen und Ängsten. Dieser Anpassungsmechanismus funktioniert schneller als über die Auswahl der genetischen Ausstattung. Er ist auch weniger lang anhaltend – aber schon über mehrere Generationen hinweg – und vergleichsweise spezifisch auf die erlebten Umweltfaktoren bezogen. Jimenez et al. (2018) sprechen angesichts dieser Befunde von einer Entwicklung weg von einem allgemeinen Konzept genetischer »Vulnerabilität« hin zu einer »differentiellen Sensitivität« in Hinsicht auf Erfahrungen. Diese unterschiedliche Sensitivität beeinflusst die Wirksamkeit von pädagogischen und psychotherapeutischen Erfahrungen. Ein solches Konzept einer erfahrungsabhängig spezifischen Sensitivität eines Menschen ist gut mit klinischen Modellen in der Psychoanalyse vereinbar, die eine transgenerationale Weitergaben von Erlebens- und Verhaltensweisen (und ihre Überformungen) beschreiben.

Entwicklung findet so in einem in zwei Richtungen laufenden Austausch zwischen Vererbung und dem Einfluss der Umwelt ab. Gene beeinflussen das Verhalten und die dabei erworbenen Erfahrungen. Erfahrungen und Verhalten wiederum beeinflussen die Genentfaltung, in dem sie bestimmen, ob und wie häufig ein Gen ausgelesen und in ein Protein umgesetzt wird. Frühe Pflegeerfahrungen – und auch spätere Erfahrungen wie Psychotherapie oder affektiv wichtige Lebensereignisse – wirken sich so über mehrere Generationen hin aus.

*Ernst Häckel* hat mit seinem Modell einer Wiederholung der »Phylogenese« in der »Ontogenese« einen Zusammenhang zwischen der Embryonalentwicklung eines Individuums und seiner Stammesentwicklung postuliert. Stammesgeschichtlich frühere Entwicklungsformen finden sich so auch in frühen Stadien der Entwicklung des Menschen. Sie bleiben manchmal (als sogenannte »Atavismen«) lebenslang erhalten. Ein Zusammenhang von Ontogenese und Phylogenese wird über die genetische Information vermittelt. Diese Information ist einerseits Grundlage der Entwicklung des Individuums und bestimmt seine Entwicklung mit. Sie ist zugleich auch das Produkt der biologischen Stammesgeschichte – die in den ersten Einzellern entwickelten frühen biologischen Mechanismen sind immer noch Teil unserer biologischen Ausstattung. Verallgemeinernde Aussagen dieses Modells werden heute in Frage gestellt. Aus psychoanalytischer Perspektive – kurz zusammengefasst: Altes ist angelegt und bleibt erhalten; Neues kommt dazu und überlagert diese alten Erfahrungen – hat dieses Modell aber eine hohe Attraktivität.

## 3.2 Das subjektive Erleben des Fötus

Die Fähigkeiten eines Kindes im Mutterleib sind lange unterschätzt worden. Die mangelnde Einfühlung in das Erleben eines Fötus – und auch in das Erleben kleiner Kinder, wie in den nächsten Kapiteln deutlich wird – ist auffällig. Sie wäre eine eigene Untersuchung wert. Es ist vor diesem Hintergrund notwendig zu betonen, was ein kleines Kind im Mutterleib bereits erlebt und kann.

**Die Entwicklung der Sinne: Was kann ein Kind im Mutterleib wann?**

- Tasten und Fühlen ab der 8. Woche.
- Schmerzempfinden ab ca. der 19. Woche.
- Schmecken und Riechen zeitlich nicht belegt, jedoch wurde festgestellt, dass Kinder den Geschmack des Fruchtwassers wiedererkennen.
- Sehen und Hören: Ab der 18. Woche sind die Augen geöffnet, ab der 20. Woche motorische Reaktionen auf Geräusche und ab der 26. Woche Reaktionen auf Licht.

Wie ein Fötus seine Umwelt wahrnimmt ist mit diesen basalen Informationen nur schwer zu erschließen. Theoriebildungen in diesem Bereich bleiben vielfach spekulativ. Wir können aber davon ausgehen, dass Kinder im Mutterleib Affekte erleben. Der Embryo fühlt Berührungen an der Uteruswand, das Schweben im Fruchtwasser, hört die Geräusche im Körper der Mutter, ihre Stimme – verstärkt gegenüber anderen Stimmen durch die Knochenleitung. Er erinnert sich an diese Stimme und bevorzugt sie nach der Geburt. Da Kinder über die Nabelschnur mit dem physiologischen Erleben ihrer Mütter verbunden sind und auf ähnliche Reize reagieren, kann auch schon vor der Geburt von einer Beziehung zwischen Mutter und Kind gesprochen werden, die nicht allein im Erleben der Mutter existiert, sondern wechselseitig ist. Viele Autoren vermuten tiefe Erfahrungen von Einklang und Verbundenheit. Von der Mutter ausgeschüttete Hormone lösen schon intrauterin körperliche Reaktionen auf Emotionen aus (beispielsweise wird ein Fötus unruhig, wenn er Angst verspürt). Ist die Mutter während der Schwangerschaft grundsätzlich glücklich, entwickele auch das Kind eher ein positives Weltbild (Verny & Kelly, 1981). Das Kind spüre über die hormonelle Anbindung an das Erleben seiner Mutter schon früh, ob die Mutter sich über die Schwangerschaft freut, ob sie sich sicher fühlt und ob sie ihr Kind liebt. Auf Grundlage dieser Erfahrungen entwickele es ein basales Selbstbild, auf dem spätere Erfahrungen aufbauen.

Bei diesen Entwicklungen wird von einer Wechselwirkung zwischen angeborenen Systemen zur Analyse von Informationen (»Kernwissen«) und den dieses Wissen anpassenden Umwelteinflüssen ausgegangen. Gestützt wird die Theorie des Kernwissen unter anderem durch Befunde, die zeigen, dass Babys von Geburt an menschliche Gesichter als solche identifizieren und diese anderen visuellen Reizen vorziehen. Diese Bevorzugung ist wiederum geschlechtsabhängig – relativ gesehen interessieren sich Mädchen schon unmittelbar nach der Geburt mehr für Gesichter, Jungen eher für bewegte Objekte wie Mobiles. Auch Experimente, die belegen, dass Säuglinge schon kurz nach der Geburt ein grundlegendes Verständnis von Mengen im Bereich von 1–4 haben, bestätigen die Vorstellung von angeborenen Wissensinhalten.

Leidet die Mutter während der Schwangerschaft dauerhaft unter erheblichem Stress, macht sich das in der physiologischen Verarbeitung von Stress beim Kind bemerkbar. Die Vermittlung dieser Reaktionsbereitschaften wird heute über die intrauterine »Kalibrierung« (Einstellung) der Achse von Hypothalamus, Hypophyse und Nebennierenrinde (HPA-Achse) konzeptualisiert. In einer stressauslösenden Situation führt eine Reihe von chemischen Reaktionen zu erhöhter Wachsamkeit und hemmt das Erkundungsverhalten. Der Körper leitet nun Mechanismen ein, die den Stress reduzieren. Über die Aktivierung der HPA-Achse wird eine Abfolge von Reaktionen eingeleitet, an deren Ende Kortisol ausgeschüttet wird. Das Ausmaß der Ausschüttung dieses Neurotransmitters ist je nach Person unterschiedlich. Sie hängt von der genetischen Veranlagung des Fötus ab, wird aber auch durch die mütterlichen Reaktionen auf Stress moduliert. Stress während der Schwangerschaft wird auch mit anderen Variablen wie etwa geschlechtstypischem Verhalten und der sexuellen Orientierung des Kindes in Zusammenhang gebracht. Hier wird zusammenfassend die »Grundeinstellung« des Gehirns als »weiblich« beschrieben; erst unter dem Einfluss von Testosteron, das vermehrt aufgrund von mütterlichem Stress oder aus anderen Ursachen ausgeschüttet wird, kommt es zu einer Veränderung der Methylierung bestimmter Gene (siehe oben), die dann unter anderem die Geschlechtspartnerorientierung beeinflusst.

Das Erleben von Stress und damit seine Auswirkungen sind von der genetischen Ausstattung des Fötus (z. B. von einem Gen, das den Serotoninstoffwechsel beeinflusst) abhängig. »Robuste« Kinder (sogenannte »Löwenzahnkinder«) sind weniger auf eine stressarme Umgebung angewiesen als sogenannte »Orchideenkinder«, die eine besondere schützende Umgebung brauchen, um sich gut entwickeln zu können. Unter solchen schützenden Bedingungen entwickeln sich diese Kinder überdurchschnittlich gut. Länger anhaltende Belastungen in Schwangerschaften können vor allem bei für diese Belastungen vulnerablen Kindern zu psychischen oder emotionalen Störungen führen – zur Reduktion von Intelligenz, zu geringerer Aufmerksamkeit und geringem späterem beruflichen Erfolg und damit verbundener Armut (z. B. Kimberley et al., 2015; Personn & Rossin-Slater, 2018). Gewalterfahrungen in der Schwangerschaft verändern die Methylierung der für die Verarbeitung von Stress wichtigen Gene. Dieser Effekt ist auch noch in der Adoleszenz von Kindern nachweisbar; er kann aber zumindest partiell durch eine gute nachgeburtliche Betreuung reduziert werden.

Die Entwicklung im Mutterleib wird auch durch biologische Umweltfaktoren beeinflusst. Alkohol, Nikotin und andere Drogen wirken spezifisch und unspezifisch auf den Fötus ein (Nikotin mit niedrigem Geburtsgewicht, Alkohol mit dem fetalen Alkoholsyndrom FAS, weitere Drogen mit Entzugssymptomen nach der Geburt). Sie wirken sich über die Belastung des neu geborenen Kindes (Entzug) auf die Regulationsfähigkeiten des Kindes (Trinken, Schlafen, Kontaktaufnahme) aus und erschweren so zusätzlich die interpersonelle Regulation in der Mutter-Kind-Beziehung.

## 3.3 Kulturelle Faktoren und elterliche Vorstellungen

Die Bedeutung der ersten Lebensmonate des Kindes im Mutterleib für die weitere Entwicklung findet ihre kulturelle Entsprechung in gesellschaftlichen Normen, Vorstellungen und Ritualen in Bezug auf Schwangerschaft. Eine gute »Bemutterung« der werdenden Mutter ist vor diesem Hintergrund Bestandteil vieler Kulturen. Mütter sollen sich von Belastungen fernhalten und vor allem vor erschreckenden Situationen geschützt werden – Belastungen und insbesondere Angstsituationen werden als schädlich für das Kind zu vermeiden gesucht. Diese oft als »Ammenmärchen« oder »Aberglauben« angesehenen Vermutungen sind wiederholt von Analytikern aufgegriffen worden, die der vorgeburtlichen Entwicklung eine besondere Bedeutung zusprachen (Janus, 2016). Ältere Untersuchungen zeigen, den Einfluss der Einstellung der Mutter zum Kind: Kinder von Müttern, die sich über die Schwangerschaft freuen, seien seelisch und körperlich gesünder als Kinder von Müttern, die ihre Schwangerschaft ablehnten. Zahlreiche Untersuchungen zeigen die Auswirkungen der Qualität der elterlichen Beziehung auf die Entwicklung des Kindes (Verny & Kelly, 1981). Mit der Zunahme der Vorsorgeuntersuchungen für Schwangere sind verschiedene Entwicklungen verbunden. Eine oft nachträglich ungerechtfertigte Einstufung von Risiken (z. B. über die hohe Rate »falsch positiver« Ergebnisse bei Screening-Untersuchungen) führt zu einer vermehrten Beunruhigung vieler Eltern, die nicht einfach mehr »guter Hoffnung« sein können. Dies hat auch Auswirkungen auf das Kind. Zugleich vermitteln die regelhaften Untersuchungen im Rahmen von Vorsorgemaßnahmen mit Ultraschallabbildungen des Kindes im Mutterleib eine neue Dimension der Beziehungsaufnahme. Sie verstärken und konkretisieren die Vorstellung vom eigenen Kind und damit auch die vorgeburtliche Beziehung zwischen Mutter und Fötus sowie Vater und Fötus. Das imaginäre Kind im Kopf der Eltern und das gefühlte Kind im Bauch der Mutter treten nun schon vor der Geburt in Kontakt mit dem beobachteten, realen Kind. Erwartungen – in Hinsicht auf das Geschlecht oder auf schon im Uterus beobachtetes Verhalten – können enttäuscht werden oder sich konkretisieren, z. B. mit einer bereits vor der Geburt feststehenden Namensgebung.

Die Kultur, in die ein Kind hineingeboren wird, die Sprache, die es lernt, die symbolische Welt seines Umfelds existieren schon vor seiner Geburt. Sie wirken sich bereits im Mutterleib auf das spätere Erleben des Kindes und die Gestaltung von Beziehungen aus. Schon vor seiner Geburt lebt das Kind in den Vorstellungen seiner Eltern. Ihre Erwartungen, Phantasien, Ängste und Hoffnungen werden es bei seiner Geburt erwarten. Hier weisen die Eltern ihrem noch ungeborenen Kind in der Welt des Symbolischen einen Platz zu, den das Kind nach seiner Geburt finden muss, um ihn einzunehmen oder abzulehnen.

## 3.4 Die Geburt als Übergangssituation

Die Geburt ist eine Übergangssituation, die, wie der Tod, unumkehrbar und von existentieller Bedeutung ist. Janus (2016) beschreibt, wie das Kind sich in zunehmender räumlicher Enge und bei geringer werdender Versorgung mit Sauerstoff auf ein unbekanntes Abenteuer einlassen muss. Wenn es gut läuft, wird es auf diesem Weg durch die Mutter und diese durch weitere Helfende unterstützt. Die vorgeburtliche Verbundenheit wird als Basis einer gelingenden Geburt und als Grundlage eines späteren Vertrauens in Beziehungen beschrieben. Eine vaginale Geburt, die mit einer stärkeren Beteiligung des Kindes verbunden ist, wird vor diesem Hintergrund als vorteilhaft für die weitere Entwicklung beschrieben. Tatsächlich zeigen empirische Ergebnisse einen Zusammenhang von vaginaler Geburt und späterer Gesundheit (z. B. Sevelsted et al., 2015).

An das Ereignis der eigenen Geburt bestehen keine bewussten Erinnerungen. Wir müssen den Eltern und anderen glauben, wann und wie wir geboren worden sind. Modelle des Erlebens des Geburtsvorgangs sind daher spekulativer als Entwicklungsmodelle späterer Zeiten. Sie sind in ihrer Bedeutung für die klinische Arbeit oft umstritten. Otto Rank hat (1924) eine Theorie vom »Trauma der Geburt« entwickelt, in der die Geburt als dramatische Grenzerfahrung für Kind und Mutter beschrieben ist. Ihr Ablauf beeinflusst hier als zentraler Faktor das Erleben und Verhalten eines Menschen über die gesamte Lebensspanne.

**Historisches Konzept: Das Trauma der Geburt (Otto Rank, 1924)**

Rank führt in die zunächst überwiegend an der Beziehung zum Vater interessierte Psychoanalyse mit der Betonung der Geburtserfahrung und der Beziehung zur Mutter eine damals neue Betrachtungsebene ein. Er beschreibt als zentrale Ursache neurotischer Fehlentwicklungen die Erfahrung der Geburt – eine Ur-Angst, verbunden und geprägt von dem Erleben, als Kind aus dem Mutterleib herausgepresst zu werden. Unter der Geburt komme es durch Sauerstoffmangel und den plötzlichen Verlust der warmen Umgebung des Mutterleibs zu starken Angstgefühlen. Diese Angst kann sich im späteren Leben bei Trennungen aus einer schützenden Umgebung wiederholen. Damit bestimmt die Angst unter der Geburt und die Möglichkeiten ihrer Bewältigung wesentlich das Leben jedes Menschen. Die »traumatische« Trennung von Kind und Mutter sieht Rank als Ursprung und Bild aller späteren Angstreaktionen im weiteren Lebenslauf. Auch spätere Trennung beschreibt er vor dem Hintergrund des Geburtserlebens. Diese Erfahrung sei es, die den Menschen lebenslang kennzeichne. Mit diesem Konzept untersuchte Rank auch die Wünsche von Menschen und interpretierte sie vor dem Hintergrund, zum Ursprung des Lebens, also in den Mutterleib zurückkehren zu wollen. Freuds Konzepte – wie etwa der ödipale Konflikt – bekommen vor diesem Hintergrund eine veränderte Bedeutung. Sie werden zu einem weniger zentralen »Überbau« der grundlegenderen Geburtserfahrungen. Winnicott unterscheidet in Sinne eines Integrationsversuchs eine frühe »Umweltmutter« von der später erlebten ödipalen Mutter. Ranks Überlegungen haben klare Bezüge zur therapeutischen Arbeit – wenn etwa das Ende der Therapie mit der Trennung von Patient und Therapeut als Geburtstrauma verstanden und interpretiert wird oder sich die schwierige Geburt einer Patientin in ihren Beziehungsstörungen und in der analytischen Beziehung darstellt (Crosby & Janus, 2017).

Rank beschreibt eine »Mutterleibsrealität«, während Freud von nachträglich überarbeiteten »Mutterleibsphantasien« spricht. Anfangs wurden Ranks Ideen von Freud und anderen Psychoanalytikern interessiert aufgenommen. Die Diskussion polarisierte sich jedoch – Mutter oder Vater? Rekonstruktion des Erlebens oder Phantasie? – und führte zu einer Abwendung der meisten Psychoanalytiker von Konzepten Ranks. Anwendungen des Modells vom »Trauma der Geburt« und seiner Weiterentwicklungen finden sich heute aber noch in körperorientierten regressionsfördernden Therapien und ihren Entwicklungsmodellen. Die vorsprachlichen Erfahrungen werden über Körperempfindungen erschlossen. Gruppenerfahrungen und Übungen mit assoziativ fördernden Hilfsmitteln und Techniken (Hyperventilation oder Nachbildungen des Geburtskanals oder eines intrauterinen Raums tragen dazu bei, Inhalte des sensomotorischen Gedächtnisses, in dem die frühen Erfahrungen abgespeichert sind, zugänglich zu machen; Janus, 2016).

Strittig ist hier, wie weit zurückgehend Seelisches aus frühen Ursprüngen erklärt werden kann. Janus (S. 252) beschreibt es als möglich, die Implantation der Eizelle als einen »Überlebenskampf«, als »Heimatlosigkeit« und »Ausgesetzt- Sein« zu erleben: »Worte können hier nur Hinweise auf tiefe vorsprachliche Verstimmtheiten sein, die aber unser Gefühl, wie wir uns in der Welt fühlen, vorprägen können.« Wie diese Erfahrungen aus dem zellulären Stadium in ein Erleben gelangen können, bleibt offen – und rührt erneut an die von Freud aufrechterhaltene Trennung von nachträglich entwickelter Phantasie und konkretem Erleben.

Auch wenn wir heute einiges zur körperlichen und kognitiven Entwicklung in der Embryonal- und Fötalzeit wissen, bleibt unsere Vorstellung von dem Erleben in dieser Zeit unklar. Die regressiven Möglichkeiten des Erschließens dieser Erfahrungen haben aus empirischer Sicht nur einen heuristischen Wert. Sie können zur Entwicklung von Hypothesen genutzt werden. Diese Hypothesen aus Interpretationen regressiver Erlebenszustände sind aber mit hoher Unsicherheit verbunden. Sie müssen mit anderen Methoden geprüft werden.

## Zusammenfassung

Schon bevor ein Mensch geboren wird entwickelt sich seine Persönlichkeit im Zusammenspiel vieler Faktoren. Biologische Entwicklungsmodelle spielen für die Theorien der Psychoanalyse als Metaphern und als Grenzsetzung für spekulative Hypothesen eine wichtige Rolle – die Konzepte von Darwin, Lamarck und Häckel sowie die Vorstellung von der Geburt als Trauma (Rank) werden in ihrer Bedeutung und mit ihren Einschränkungen diskutiert. Bereits vor der Geburt sind Kinder mit dem Erleben von Affekten ihrer Mutter verbunden. Sie nehmen sinnlich wahr und erinnern. Genetische Anlagen des Kindes und mütterlicher Stress in der Schwangerschaft wirken sich auf das Erleben und die spätere Entwicklung eines Kindes aus. Die Bedeutung dieser Anteile wird in der Regel unterschätzt.

Bereits im Mutterleib trifft das reale Kind auf die Vorstellungen seiner Eltern. Die Geburt kann als eine existentielle Erfahrung von Trennung und als Grenzerfahrung für Kind und Mutter beschrieben werden. Otto Rank (1924) konzeptualisiert das »Trauma der Geburt« als Urmodell von Angst und als Ursprung späterer Entwicklungen. Strittig bleibt dabei, wie weit zurückgehend Seelisches aus frühen Ursprüngen erklärt werden kann.

## Literatur zur vertiefenden Lektüre

Krüll, M. (1989). *Die Geburt ist nicht der Anfang. Die ersten Kapitel unseres Lebens neu erzählt* (vollst. überarb. und aktualisierte Neuausgabe 2009). Stuttgart: Klett-Cotta.

Janus, L. (2016). Die prä- und perinatale Zeit des Lebens. In: G. Poschenschnik & B. Traxl (Hrsg.), *Handbuch Psychoanalytische Entwicklungswissenschaft.* Gießen: Psychosozial Verlag.

Jimenez J. P. et al. (2018). Psychotherapy and Genetic Neuroscience. An Emerging Dialog. *Front. Genet. 9*, 257. doi: 10.3389/fgene.2018.00257

Roth, G. & Strüber, N. (2018). *Wie das Gehirn die Seele macht.* Stuttgart: Klett-Cotta.

## Fragen zum weiteren Nachdenken

- In welcher Weise sind die Ergebnisse und Modelle der Genetik und Epigenetik für ein psychodynamisches Verstehen hilfreich und nützlich?
- Welche Vor- und Nachteile hat die Betrachtung der Geburt als ein traumatisierendes Ereignis?
- Wie weit zurück gehen Sie mit der Annahme eines Wiedererkennens von vorgeburtlich Erlebtem als Erwachsener?
- Leihmutterschaft ist in Deutschland verboten – Mutter ist die Frau, die ein Kind geboren hat, nicht die genetisch verwandte Person. Wie beurteilen Sie diese Regelung angesichts der in dieser Frage unterschiedlichen Auswirkungen von Genetik, biologischen Prägungen in der Schwangerschaft (z. B. der HPA-Achse), Geburtsvorgang und elterlichen Vorstellungen?

# 4 Selbstregulation: Die ersten neun Monate

»There is no such thing as a baby« (Donald Winnicott).

## Einführung

»Etwas wie ein Baby« gibt es nach Winnicott nicht – ein Säugling muss immer in seinen Beziehungen zu seinen Bezugspersonen betrachtet werden, in der Regel anfangs zu Mutter und Vater. Entwicklung kann nur in Beziehungen entstehen.

Die zentralen Aufgaben nach der Geburt spielen sich in diesen Beziehungen ab: Selbstregulation (von Körpertemperatur, Schlafen, Trinken …) wird außerhalb des Mutterleibs erworben; zugleich ist damit die Regulation in Beziehungen verbunden. Erfahrungen der Befriedigung von biologisch determinierten Bedürfnissen und Wünschen in Beziehungen werden als Repräsentanzen gespeichert und formen psychische Strukturen. Sie beeinflussen dann Erinnerungen, unbewusste Phantasien und die Bewältigung von Konflikten Auch das Erleben des Selbst ist gleichbedeutend mit den Erfahrungen, die in Beziehungen gemacht werden – Beziehungen formen das Selbst (Fonagy et al., 2004), das kleine Kind entdeckt sich in den Reaktionen der Eltern und anderer Menschen auf seine Lebensäußerungen.

Zu dieser Entwicklungsphase, die oft als Zeit der frühen Mutter-Kind-Beziehung beschrieben wird, existiert ein großer Reichtum an Beobachtungen, Konzepten und Befunden in der psychoanalytischen Entwicklungspsychologie. Die Rekonstruktion psychischen Erlebens dieser Zeit aus den Erzählungen Erwachsener stimmt mit direkten Beobachtungen von Säuglingen häufig nicht unmittelbar überein;

die beiden Perspektiven können sich aber wechselseitig befruchten. Die folgende Darstellung kann die Vielfalt der Positionen und Konzepte nur unvollständig wiedergeben. Gesichert ist die hohe Bedeutung einer gelingenden Mutter-Kind-Interaktion in den ersten Lebensmonaten über die gesamte Lebensspanne und für eine Fülle von Parametern in den Bereichen Gesundheit, Zufriedenheit und sozialer Erfolg. Diese gut gesicherten statistischen Zusammenhänge schließen individuelle, anders verlaufende Entwicklungen nicht aus. Biologische und soziale Faktoren im späteren Lebenslauf – und Psychotherapien – können auf die in dieser dyadischen Situation entstandenen Entwicklungen Einfluss nehmen und sie verändern.

**Lernziele**

- Das affektive Erleben von Neugeborenen verstehen.
- Wissen, wie Kinder durch Affektspiegelung lernen, ihre Affekte zu regulieren.
- Mögliche Folgen nicht gelingender Affektspiegelung kennen.
- Die Entstehung von Beziehungsrepräsentationen kennen.
- Das Modell der Positionen nach Melanie Klein kennen.
- Die Frage nach unbewussten Phantasien in dieser Entwicklungsphase diskutieren können.

## 4.1 Entwicklung von Beziehungen

Die ersten neun Monate des Lebens sind eine Zeit rasanter Entwicklungen. Aus psychoanalytischer Sicht sind zwei »Organisatoren« der Entwicklung dieses frühen Lebens herauszuheben: der Übergang vom noch personenunspezifischen Lächeln (dem sogenannten »Engelslächeln«) der ersten drei Monate hin zum sozialen Lächeln, das mit einem Wiedererkennen vertrauter Personen verbunden ist; und der Beginn des »Fremdelns«, das an ein aktives Sich-Erinnern an vertraute Personen und an die mit diesen Personen verbundenen Erwartungen geknüpft ist. In der Phase der personenunterscheidenden Ansprechbarkeit (etwa 3. bis 7. Monate) werden die Signale an bestimmte Personen gerichtet, die bereits unterschieden werden – Säuglinge interagieren hier bereits kompetent mit mehreren Personen. Mit der Fremdenangst, die als Beginn des Bindungsverhaltens im engeren Sinn betrachtet werden kann, ist die Suche nach seiner vertrauten Beziehungsperson verbunden. Voraussetzung für diesen Entwicklungsschritt ist der Beginn der Fortbewegung und der Objektpermanenz: Kann das Kind sich selbständig fortbewegen, so ist – evolutionsbiologisch verstanden – ein Bindungsaspekt überlebenswichtig, der es immer wieder die Nähe zur Mutter suchen lässt. Als Objektpermanenz wird die Fähigkeit verstanden, eine Vorstellung von anderen Menschen oder Objekten auch ohne deren äußere Wahrnehmung aufrechtzuerhalten. Der Beginn dieses Entwicklungsschrittes ist um den 8. Lebensmonat erkennbar, die Fähigkeit, sich ein Objekt selbständig in Erinnerung rufen zu können, ist ab dem 18. Lebensmonat nachweisbar. Objektpermanenz ist nicht angeboren. Sie entwickelt sich in den ersten zwei Lebensjahren.

Die motorische Entwicklung – hin zum aktiven Sich-Drehen, Robben, Krabbeln, Aufstehen, Saugen, Greifen und »Begreifen« – wird hier nur als Hintergrund der seelischen Entwicklung an einzelnen Stellen skizziert. Die Entwicklungslinien greifen – wie oben am Beispiel der Entwicklung des Krabbelns und der »Fort-bewegung« beschrieben – ineinander und gestalten die Beziehungen zu anderen Menschen. Die subjektive Sicht eines Säuglings auf sich selbst kann dabei annähernd mit der Formulierung: »Ich bin, was Du mir zeigst« beschrieben werden.

Auch wenn wir von der Bedeutung der Reaktionen der Bezugspersonen ausgehen: Zur Entwicklung von Interaktionen trägt der Säugling von Beginn an aktiv bei. Die wechselseitige Beziehung gestaltet ein Neugeborenes über seine Einladung zum Spiel – einem Spiel mit Rhythmus und Melodie, einem Sich-Einstimmen auf den anderen und dem Setzen von Kontrapunkten. Muster werden wiederholt, gegenseitig erkannt, aufgenommen, in andere Modalitäten übersetzt – Melodie in Bewegung, Bewegung in Sprache. Wie bei zwei improvisierenden Musikern entsteht das Entzücken darüber, dass und wie der andere ein eigenes Muster aufnimmt, verändert und wieder zurückgibt. Entwicklung und Veränderung wird dem Kind so vermittelt – über das Anwachsen und wieder Abnehmen von Lautstärke und Intensität und den rhythmischen Verlauf von Erregung und Entspannung. Daniel Stern hat den Ausdruck »Vitalitätsaffekte«(2005) für diese Elemente der Regulation von Beziehung geprägt. Mit dem Spielen über unterschiedliche Wahrnehmungsqualitäten werden diese »tänzerisch« anmutenden Bewegungen eingeübt. Affektiv zu beobachtende »Freudezirkel« (Krause, 2017) treten bis zu 3 000-mal in den ersten sechs Lebensmonaten auf. Sie verstärken das »Begehren« des anderen und fördern so das Lernen zunehmend komplexer werdender Interaktionsmuster. Weitere Affekte treten auf und werden innerhalb von Beziehungen mit subjektiven Bedeutungen verbunden. Sichtbare und hörbare Affekte der Mutter, sowohl fehlende als auch gehäuft auftretende, sind für diese Lernvorgänge ausschlaggebend. Krause folgert, dass die »Grundlagen für die Konstituierung der kindlichen Persönlichkeit […] durch mütterliche Projektionen und nicht durch das Verhalten des Kindes gelegt werden« (S. 458).

Aus der Vielfalt dieser das Kind erreichenden Informationen werden zunächst einfache Muster wahrgenommen: Erfahrungen, »gehalten« zu werden oder »fallen gelassen«, etwas »bewirken« zu können im anderen oder nicht, sich einem Menschen »sicher und selbstverständlich verbunden« zu fühlen oder von Anbeginn an für eine solche sichernde Bindung kämpfen zu müssen. Das Gehirn übernimmt hier die Funktionen eines sorgsamen Lehrers. Spitzer (2014) beschreibt anschaulich die zeitverzögerte Reifung bestimmter Funktionen unseres Gehirns. Ein aufeinander aufbauendes Eintreten von Funktionen mutet dem Kind spezifisch und zeitgerecht das an Informationen zu, was es auf dem Boden bisher gemachter Erfahrungen neu lernen kann. Für das Lernen ist dies eine optimale Grundlage. Allerdings bedeutet sie auch, dass bestimmte Erfahrungen zu späteren Zeitpunkten nicht mehr oder nur noch eingeschränkt nachgeholt werden können. Ein Kind, das gelernt hat, sich »Sicherheit« in Beziehungen durch aktive Anstrengung zu erarbeiten, kann das basale Gefühl eines »Urvertrauens« kaum noch erwerben. Es kann einen basalen »Mangel« daran mit komplexen Techniken umspielen und sich auf diese Weise vor schmerzlichen Erfahrungen schützen. Es gibt daher zeitliche »Fenster« für die Entwicklung von Fähigkeiten.

Dies lässt sich auch damit erklären, dass zum Zeitpunkt der Geburt ein hoher »Überschuss« an Neuronen vorliegt. Diese Zellen verbinden sich untereinander in Reaktion auf bestimmte äußere Reize (»what fires together, wires together«). Zellen, die nicht angesprochen werden und sich nicht verbinden, sterben ab (»use it, or loose it«). Die Rückbildung vieler bei der Geburt angelegten Zellen wird als »Priming« beschrieben. Übrig bleiben Verbindungen, die sich als nützlich erweisen. Sie werden zunehmend stärker und differenzierter ausgebaut. Aus der Fülle des potentiell Möglichen bildet sich eine individuelle, einzigartige Struktur.

Die lang anhaltende, auf Umwelteinflüsse reagierende Entwicklung des menschlichen Gehirns – bis in die Adoleszenz und darüber hinaus – ermöglicht es auch, dass Menschen im Vergleich zu anderen Lebewesen weniger stark auf angeborene Verhaltensweisen zurückgreifen müssen. Das menschliche Gehirn ist in besonderer Weise flexibel prägbar und kann sich somit besser auf verschiedene Lebensbedingungen einstellen. Aktuelle Forschungen zeigen, dass diese Flexibilität lange erhalten bleibt: Das Gehirn kann sich bis ins Alter hinein verändern. Trotzdem haben viele neuronale Netzwerke kritische Perioden, in der sie für spezifische Veränderungen auf bestimmte Reize angewiesen sind (Roth & Strüber, 2018). In diesen Zeitfenstern sind sie besonders flexibel und verändern sich bei entsprechenden Reizen stark. Im ersten Lebensjahr ist das Erleben von Nähe und Zuwendung besonders wichtig.

Heute wird angenommen, dass das Leben des Säuglings in einem Zustand der harmonischen Verschränkung mit anderen beginnt. Mit diesem Zustand ist nicht Symbiose oder Verschmelzung gemeint, sondern ein »Wissen« des Kindes darum, dass der eigene mentale Zustand seinem Gegenüber bekannt ist. Diese Fähigkeit zum Teilen von Gefühlen ist angeboren. Sie befähigt das Kind, den eigenen Handlungen und den Handlungen der Mutter Sinn zu geben. Das Kind nimmt an, dass die eigenen seelischen Zustände von Mutter, Vater und anderen wichtigen Bezugspersonen geteilt werden (siehe unten: Äquivalenzmodus). Das Erkunden des Gesichts der Mutter wird mit dem Begehren verbunden, seelische Zustände zu erkennen und zu teilen. In dieser dyadischen Kommunikation liegt – auch von der Entwicklung des Auges her, mit dem in einem Bereich von 18 bis 38 cm scharf gesehen werden kann – der Fokus der Wahrnehmung.

Im Alter von 6 Monaten haben sich die Augen des Kindes weiterentwickelt. Es kann jetzt Dinge, über das Gesicht der Mutter hinaus, fokussieren und genauer wahrnehmen. Aus dem anfänglichen »Sich-auf-andere-Einstellen« und dem Spielen mit einer Person (»face to face«) entwickelt sich allmählich das gemeinsame Betrachten von etwas Drittem. Dabei wird das emotionale Erleben geteilt – das kleine Kind hat ein Bedürfnis, etwas zu zeigen und den ihm wichtigen Anderen an seinem Erleben teilhaben zu lassen, Eindrücke und Gefühle mit diesem zu teilen: »Da!, … Da!« Dieses Wissen um die Zugehörigkeit zu einer Person, Familie oder Gruppe wird im Spiel bestätigt – nicht immer, aber, wenn es gut läuft, immer wieder. Tomasello (2008) beschreibt die gemeinsame, geteilte Aufmerksamkeit, das Zeigen von etwas, als den »hot spot« (S. 160) des Spracherwerbs. Die Geste des Zeigens ist »Fokus« des Lernens. Das Zeigen geht ab dem 9. Lebensmonat von beiden Seiten aus und ist dann wechselseitig. Für das Lernen wird die von zwei oder mehreren Menschen gemeinsam geteilte Aufmerksamkeit innerhalb einer Beziehung zentral wichtig.

## 4.2 Kindliche Bedürfnisse und das Reagieren der Umwelt

Kinder bringen angeborene, interindividuell unterschiedliche Spielregeln in die Beziehung zu anderen mit. Ihr Spiel in und mit Beziehungen ist daher von Beginn an unterschiedlich und erfordert von den Eltern und anderen Bezugspersonen ein auf dieses Kind feinfühlig angepasstes Verhalten. Diese »Präkonzeptionen« des Kindes werden in den Interaktionen mit realen Anderen modifiziert. Sie prägen dann die weitere Wahrnehmung in Interaktionen und können später als basale Übertragungsbereitschaften deutlich werden. Von Anfang an sind Babys daran interessiert, mit anderen in Kommunikation zu treten und eine sogenannte »Protokommunikation« aufrechtzuerhalten. Eltern, die das aufgreifen, ziehen Kinder in das emotionale Leben und in die dazu gehörigen Beziehungen hinein – dieser Vorgang kann auch als eine »Verführung« zum Leben beschrieben werden.

Die Untersuchungen mit dem »Still-Face-Paradigma« (Cohn & Tronick, 1983) zeigen dies anschaulich: Wird eine Mutter angewiesen, nach einer Interaktion mit ihrem Kind, dann ein unbewegtes Gesicht zu machen, so reagiert der Säugling darauf sofort. Er versucht, die Aufmerksamkeit der Mutter zurückzugewinnen, kämpft zunehmend verzweifelt darum und zieht sich schließlich deutlich unter Stress zurück, wenn seine Versuche scheitern und der Wunsch nach Interaktion unerfüllt bleibt. Eltern sind auf dieses kontaktsuchende Verhalten ihrer Kinder biologisch gut vorbereitet. In der Zeit der Geburt kommt es zu einer vermehrten Ausschüttung von Oxytocin, einem Hormon, das Bindungsbereitschaft fördert (an das Kind, aber auch unspezifisch an andere Menschen, z. B. an Personen, die in der Zeit der Geburt das Zimmer teilten). Der von Eltern oft beschriebene »Zauber« der ersten Monate nach der Geburt eines Kindes, in denen »die Welt stillsteht«, ist – wie der »Babyblues« auch – Ausdruck biologischer Veränderungen. Eltern können zurückgreifen auf »intuitive elterliche Kompetenzen« (Papousek & Papousek, 1987), angeborene Verhaltensschemata, mit denen sie auf die Herausforderungen des Lebens mit einem Neugeborenen reagieren.

Papousek und Papousek beschreiben ein implizites Beziehungswissen, das Eltern in der vorsprachlichen Kommunikation mit ihrem Baby zum Ausdruck bringen, und führen dies auf universelle angeborene Prädispositionen zurück. Auslöser der intuitiven elterlichen Verhaltensbereitschaften – etwa das unwillkürliche Sich-Annähern auf die Sichtweite eines kleinen Kindes, die Veränderungen in der Sprachmelodie (»Ammensprache«), die Lächelspiele von Gesicht zu Gesicht (»face to face«) – sind nicht nur Schlüsselsignale im Aussehen wie das »Kindchenschema«, sondern wechselseitig initiierte Interaktionsabläufe. Die vorsprachliche Kommunikation zwischen Eltern und Kind, beim Stillen, Füttern, Beruhigen und Schlafenlegen, beim Wickeln und Spielen, erfüllt eine Vielfalt an Funktionen. So werden Anpassungs- und Entwicklungsaufgaben der frühen Kindheit gemeinsam reguliert und gemeistert: die Nahrungsaufnahme, das Einschlafen und die Abstimmung von Sicherheits- und Erkundungswünschen, Zu- und Abwendung, Nähe und Distanz.

Frühe Kommunikationserfahrungen mit dem vertrauten und weitgehend vorhersagbaren dynamischen Wechselspiel von eigenem und elterlichem Verhalten werden im prozeduralen Gedächtnis gespeichert und bilden dort Strukturen, die wiederum später in Interaktionen mit eigenen Kindern wirksam werden. Es ist vor diesem Hintergrund klar, dass unglückliche nicht bewusste Erfahrungen aus dieser Zeit als Säugling mit dem Erleben der Elternschaft wieder einflussreich werden können und dann die Beziehung zum Kind stören. Die Einstimmung auf die Signale des Säuglings wird dann aufgrund eigener Erfahrungen erschwert. Die elterliche Psychodynamik kann erkannt und beschrieben werden. Fraiberg et al. (1975) haben diese Inszenierungen von Erfahrungen als »Gespenster im Kinderzimmer« bezeichnet. Diese erworbenen Anteile des impliziten Beziehungswissens und die damit verbundenen Affekte sind zunächst nur schwer in Worte zu fassen. Sie sind der bewussten Kontrolle entzogen und beeinträchtigen elterliche Kompetenzen. Einmal benannt und beschrieben, verlieren sie – wie in der Formulierung der »Gespenster« nahegelegt – oft schnell ihren Einfluss auf die Mutter-Kind-Beziehung.

## 4.3 Affektregulation

Die übergreifende Aufgabe des Säuglings und seiner Mutter in den ersten Lebensmonaten ist die Regulation von Bedürfnissen des Kindes und seiner damit verbundenen Affekte – auf einer biologischen, motorisch-expressiven und motivationalen Ebene. Die Wahrnehmung des Sinngehalts, die Benennung und Erklärung des Affekts und das Verstehen seiner situativen Bedeutung (den Elementen einer erlebten Emotion) kommt dabei zunächst der Mutter zu, die dem Kind ihr Erleben und ihre Reaktion zur Verfügung stellt und so zu einer Regulation affektiver Spannung beiträgt.

Auch im Zusammenhang mit Ergebnissen der Säuglingsforschung hat sich die Theorie der Affekte zu einem wichtigen Bestandteil psychoanalytischen Denkens entwickelt. Affekte wurden zunächst triebtheoretisch und in Verbindung mit dem Aufbau von Objektbeziehungen verstanden. Hier (z. B. Freud, 1915) werden Affekte als Signale im Zusammenhang mit der Regulation von Trieben und als »Triebabkömmlinge« betrachtet. Triebe seien somit primär und die Affekte sekundär. Der dabei entstehende Affektausdruck dient der Triebregulation in Beziehungen und hat auch eine Funktion in der Befriedigung (»Abfuhr von Triebenergie«) von triebbestimmten Impulsen. Angenommen wurde, dass Säuglinge zunächst nur Lust und Unlust oder Gut und Böse wahrnehmen. Komplexere Affekte würden sich erst in späteren Lebensphasen entwickeln. An dieser älteren psychoanalytischen Affektlehre kann heute jedoch nicht mehr festgehalten werden. Differenzierte Motivationssysteme ergänzten das Verstehen der Ich-Entwicklung, der Libido (Lusterleben, verknüpft mit einem weit verstandenen Konzept der Psychosexualität) und der Aggression (Selbstbehauptung).

> »Wir sollten Abschied nehmen von der Vorstellung, daß nur zwei Kräfte – Libido und Aggression – den seelischen Apparat in Gang setzen bzw. den Säugling motivieren, und sollten akzeptieren, daß andere Motive wie Interesse/Neugier, Freude, Furcht und Überraschung nicht Umwandlungen von Trieben sind, sondern selbstständige und triebunabhängige Antriebskräfte« (Dornes, 2013, S. 42).

Wir haben gute Gründe anzunehmen, dass schon Neugeborene die primären Emotionen Freude, Trauer, Furcht, Ärger, Überraschung und Ekel nicht nur zeigen, sondern auch empfinden. Traurigkeit und Ärger können erst nach drei oder vier Monaten im Gesicht des Säuglings erkannt werden, Furcht im Alter von sechs bis acht Monaten. Anders verhält es sich mit Emotionen wie Schuld und Scham, die sich erst nach dem ersten Lebensjahr entwickeln.

Vor dem Hintergrund des oben beschriebenen Erlebens einer primären Verbundenheit des Säuglings mit seiner Umwelt – insbesondere mit der Mutter – kann eine Regulation von Affekten des Säuglings vergleichsweise leicht über den Einfluss wichtiger Anderer erfolgen. In der Theorie der Entwicklung des Mentalisierens (▶ Kap. 6) wird ein erster »Modus« des »In-Beziehung-mit-Anderen-Sein« beschrieben, der dieser Verbundenheit entspricht. Der »Äquivalenzmodus« kann als eine psychische Struktur aufgefasst werden, in der innere und äußere Welt eines

Menschen nicht voneinander getrennt sind. Innere Bilder oder Zustände haben den Aspekt einer äußeren Realität – Veränderungen der äußeren Realität wirken sich damit auch rasch auf das innere Erleben aus. Für den Säugling, der zunächst ausschließlich in diesem psychischen Modus in Beziehung ist, wird so das Erleben der Beeinflussbarkeit der Außenwelt wichtig. Reaktionen der Bezugspersonen müssen rasch und zutreffend, »kontingent« erfolgen. Freud hat diese Notwendigkeit mit dem Bild »his majesty, the baby« beschrieben. Die Konzepte von Margret Mahler zu einer frühen Unbezogenheit werden heute als nicht zutreffend für die Entwicklung eines gesunden Kindes angesehen: Mahler hat, auch vor dem Hintergrund von Beobachtungen kleiner Kinder, für die ersten Lebensmonate eine autistische und dann eine symbiotische Phase beschrieben.

Im folgenden Abschnitt wird dargestellt, wie eine interaktive Regulation von Affekten gelingt – und auch wie sie scheitern kann.

Nimmt eine ausreichend feinfühlige Bezugsperson Erregung bei einem Säugling wahr, so gerät sie in »Resonanz«, nutzt ihr eigenes unbewusstes und bewusstes Wissen, um zu einer Vermutung über die Bedürfnisse und die Stimmung des Kindes zu kommen, und teilt ihm diese Vermutung mit – indem sie den vermuteten Affekt des Kindes in ihrem Gesicht in spezifischer Weise darstellt – ihn »spiegelt«. Mit dem Spiegeln des Erlebens des Kindes fördert sie die Bildung einer unterschiedliche Wahrnehmungen integrierenden Vorstellung des Kindes von sich selbst (einer » kohärenten Selbstrepräsentanz«) und die Fähigkeit, somatische und mentale Zustände zuzuordnen und zu regulieren. »Das Kind entdeckt sich im Gesicht der Mutter.«

Die Beziehungsperson macht deutlich, dass es sich nicht um ihren eigenen Affekt handelt, sie »markiert« den gespiegelten Affekt, indem sie ihn besonders deutlich, »übertrieben« oder auf andere Weise leicht verfremdet darstellt. Diese Form des Umgehens mit einem Säugling ist Teil der intuitiven elterlichen Kompetenzen – Bezugspersonen reagieren schnell und ohne eine bewusste Reflexion.

**Beispiel**

Ein Säugling stößt sich schmerzhaft und beginnt zu weinen; die Mutter sagt, »Oh, das hat aber weh getan!« und zeigt markiert – übertrieben – Schmerz. Der Säugling erlebt seinen Schmerz in einer hilfreichen Beziehung und beruhigt sich.

Die Markierung des Affekts ermöglicht es dem Kind, den Affekt auf sich selbst zu beziehen und nicht auf sein Gegenüber. Dieser Vorgang wird als »referentielle Entkopplung« bezeichnet (Fonagy et al, 2004). Kinder lernen in diesen Interaktionen sich selbst und die eigenen Affekte zunehmend kennen. Sie können Affekte dann unter Bezugnahme auf die inneren Repräsentanzen dieser Interaktionen leichter auch selbständig regulieren. Missverständnisse können dabei korrigiert werden. Dennoch ist es wichtig, dass Spiegelungen der Affekte des Kindes in der Regel prompt auf das Erleben des Kindes folgen (kontingent sind) und dass sie das Erleben des Kindes zutreffend abbilden und den gleichen affektiven Inhalt zeigen (kongruent sind).

Spiegeln die Eltern (und andere Beziehungspersonen) die Affekte des Kindes ausreichend feinfühlig, lernt das Kind, dass sich seine Gefühle nicht automatisch auf andere Personen ausbreiten. Diese Trennung von innerer und äußerer Realität ist ein deutlicher Entwicklungsschritt zu einer neuen Form des Erlebens von Beziehungen, der als »Als-ob-Modus« bezeichnet wird. Die Entwicklung dieses Erlebens von Beziehungen wird durch ein »markiertes Spiegeln« des Erlebens des Kindes gefördert. Eltern signalisieren, dass sie vorübergehend die Position ihres Kindes übernehmen und markieren dies deutlich. Kinder nehmen in dieser Entwicklungsphase (im »Als-ob Modus«) an, dass ihr innerer Zustand keine Beziehungen zur Außenwelt aufweist und für diese auch keine Implikationen hat. Sie sind z. B. in ihr Spiel »versunken«. Unter dieser Perspektive können Rollen erkannt und gewechselt werden – die Faszination der Rollenspiele entfaltet sich (▶ Kap. 5).

Kinder entwickeln innere Repräsentanzen von anderen Menschen, von sich selbst und von Beziehungen zu anderen vor allem durch solche kontingenten und markierten Spiegelungen. Durch die Entwicklung innerer Repräsentanzen lernt das Kind zwischen guten und schlechten Erfahrungen oder zwischen Personen zu unterscheiden und mögliche zukünftige Entwicklungen durch Abgleichen mit gemachten Erfahrungen vorherzusagen, sie zu »antizipieren«. So ist z. B. das Verlangen nach seiner vertrauten Bezugsperson und das damit einhergehende Fremdeln auf die Entwicklung innerer Repräsentanzen zurückzuführen.

Das gemeinsame Spiel mit Mimik in der Zweiersituation (»face to face«) ist somit von hoher Bedeutung für die kindliche Entwicklung. Dabei erkundet das Kind das Gesicht der Eltern gründlich. Feinfühliges Reagieren der Eltern reguliert die Affekte des Kindes. Es fördert Bindung (▶ Kap. 5) und die Fähigkeit der Triangulierung und Mentalisierung (▶ Kap. 6 und ▶ Kap. 7). Was geschieht, wenn eine dieser Komponenten der Affektregulation fehlt? Wir schauen hier auf die Folgen

- unmarkierter Spiegelung,
- inkongruenter Spiegelung
- und fehlender bzw. verzögerter Spiegelung

durch die Bezugsperson.

Unmarkierte Spiegelung – ein Kind weint verzweifelt, die Mutter weint ebenfalls – führt dazu, dass das Kind seinen Affekt nicht von der Bezugsperson entkoppeln kann. So wird der Affekt dem Gegenüber zugeschrieben und in dem gemeinsamen Erleben verstärkt. Das Kind erwirbt hier keine inneren Steuerungsstrukturen, sondern entwickelt eher Schwierigkeiten in der Regulation von Affekten. Diese Interaktionen finden sich häufig bei Müttern mit einer Borderline-Persönlichkeitsstruktur. Sie können gut wahrnehmen, wie sich ihr Kind fühlt, die Affekte des Kindes jedoch nicht gut in sich verarbeiten (»containen«). So reagieren sie ähnlich heftig oder noch heftiger als das Kind selbst. Das Kind lernt hier keine Steuerungsstrukturen der eigenen Affekte, sondern dass sein Affekt noch heftigere Reaktionen bei der Beziehungsperson auslöst (»Ich habe Mama traurig gemacht!«).

Inkongruentes Spiegeln – ein Kind weint verzweifelt, die Mutter signalisiert übertrieben (markiert) einen Affekt von Ärger oder Freude – ist Ergebnis einer Missinterpretation des Affekts durch die Beziehungsperson. Möglicherweise bringt die Mutter eigene Erfahrungen aus ihrem impliziten Beziehungswissen zu stark ein und kann dadurch nicht ausreichend feinfühlig auf das Verhalten ihres Kindes reagieren. Der Säugling kann hier den Affekt aufgrund der Markierung entkoppeln und bezieht ihn auf sich selbst. Aufgrund der mangelnden Passung zum eigenen Erleben kann eine verzerrte Selbstrepräsentanz und langfristig die Entwicklung eines »falschen Selbst« (Winnicott, 1960) entstehen.

Bei einer fehlenden oder verzögerten Spiegelung – z. B. bei einer depressiven oder dissoziierenden Mutter – fehlt die Kontingenz der Spiegelung; für das Kind wirkt die Beziehungsperson abwesend oder unbeteiligt. Der Säugling lernt hier, keine Affekte zu zeigen. Er gewinnt so wenig inneren Zugang zu den eigenen Affekten und verinnerlicht bei andauernd fehlender Spiegelung das Selbstbild eines »monströsen«, nicht liebenswerten Wesens, auf das nicht resonant reagiert wird.

Die Darstellung dieser Möglichkeiten ist unvollständig, wenn nicht auf die Notwendigkeit von Missverständnissen und deren gemeinsame Reparatur hingewiesen wird. Entwicklungsfördernd in dem Konzept von »rupture and repair« ist das Erleben, Missverstehen reparieren zu wollen und dies auch zu können. Winnicott wendet sich mit dem Bild der »normalen« (ordinary) Mutter, die »gut genug« ist, gegen die, mit entwicklungspsychologischen Konzepten manchmal verbundenen, hohen normativen Ansprüche. Gerade »gut genug« – und eben nicht perfekt – zu sein, bietet Entwicklungsanreize. Ein erfolgreiches, auch anstrengendes Meistern von Schwierigkeiten wird hier mit dem Erleben von Glück und Erfolg verbunden. Von psychoanalytischer Seite aus ist die weitgehende Bereitschaft von Müttern (und auch Vätern) untersucht worden, sich auf die dyadischen Interaktionen mit ihren Kindern einzustellen. Sie sind als »Mutterschaftskonstellation« beschrieben worden. Das »Bindungshormon« Oxytocin trägt zur Entwicklung dieser Haltung und der mit ihr verbundenen Kompetenzen bei. Eine Mutterschaftskonstellation umfasst Mutter und Kind, Vater und Kind oder beide Eltern und ihr Kind. Sie entwickelt sich leichter, wenn die Bedingungen für ein Sich-Einstellen auf ein Kind gut sind – wenn die Mutter oder beide Eltern durch andere unterstützt werden in ihrer Bereitschaft, sich auf ihr Kind einzustellen, und wenn diese Unterstützung auch in den Interaktionen zwischen Kind und Mutter affektiv vermittelt wird, wenn z. B. der unterstützende und präsente Vater in den Interaktionen zwischen Mutter und Kind mental »repräsentiert« ist. Das Kind entwickelt hier Repräsentanzen und unbewusste Phantasien.

## 4.4 Repräsentanzen und unbewusste Phantasien

Eine aktive Beziehungsgestaltung durch den Säugling und seine damit verbundenen Kompetenzen zur Gestaltung von Beziehungen sind heute vielfach untersucht und allgemein akzeptiert. Dennoch sind die Kompetenzen und innerseelischen Vorgänge, die Kindern in dieser frühen Zeit zugesprochen werden, in den einzelnen Theorien sehr unterschiedlich.

Mit dem Begriff der Libido bezeichnet Freud das Streben nach Lust und sinnlicher Erregung in einer dazu geeigneten Objektbeziehung. Zentral ist dabei die Suche nach Befriedigung triebhafter Wünsche – nach Lust. Libido ist die Äußerung eines weit gefassten Verständnisses von Sexualität, in dem die sehr verschiedenen Quellen von Lust – die »Partialobjekte« und »erogenen Zonen« – im Laufe der Entwicklung zunehmend integriert werden. Sexualität wird als zentrales Motiv des Lebens angesehen. »Libidinöse« Empfindungen und Gefühle gruppieren sich um körperliche Regionen, die in bestimmten Entwicklungsphasen eine besonders hohe Bedeutung haben – den Mund, den Anus und die Genitalorgane. Diese erogenen Zonen können als Verbindungen, als »Zonen des Austausches« mit Objekten gesehen werden. In den ersten neun Monaten ist die über den Mund vermittelte »Oralität und primäre Objektliebe« (Müller-Pozzi, 1995, S. 82) für die Entwicklung führend. Die hier, z. B. beim Stillen oder Gefüttertwerden, erlebten körperlichen Erfahrungen prägen das Umgehen mit eigenen Wünschen und Bedürfnissen, den zunächst biologisch bestimmten Triebimpulsen des Kindes. Diese Impulse werden im Entwicklungsverlauf vielfach überarbeitet. Triebimpulse sind dabei nicht nur im Sinne einer kurzfristig auf Befriedigung drängenden Motivation zu verstehen; Zärtlichkeit und lange anhaltende Bindungen etwa werden auf »zielgehemmte« Triebimpulse zurückgeführt.

## 4.5 Oralität und primäre Objektliebe

Die orale Phase ist eine Entwicklungsstufe, in der Erfahrungen überwiegend über den Mund und das Saugen an der Brust gesammelt werden. »An der Frauenbrust treffen sich Liebe und Hunger« (Freud 1900, S. 211). Mit dem Stillen des Kindes ist eine sinnliche Erfahrung verbunden, die körperliche, psychische und beziehungsorientierte Erfahrungen verbindet. Der Säugling begehrt nicht allein Nahrung; das Bedürfnis nach Nahrung wird in den Dienst anderer Erfahrungen gestellt wie Hautkontakt, sinnliche Stimulierung, Spannungsreduktion und Lust. Die hier gemachten Erfahrungen bilden eine Struktur, vor deren Hintergrund weitere Erfahrungen eingeordnet werden – von Austausch, von Geben und Versorgtwerden, aber auch aktive Erfahrungen des Sich-Einverleibens. Sättigung wird gekoppelt an das Erleben »gut«; was man vereinnahmen kann, ist gut; was man ausstoßen kann, ist schlecht – z. B. Milch, die beim Trinken in die Nase kommt und dann zunächst zu einer Verweigerung des Stillens führen kann.

Schwierigkeiten und Konflikte im Zusammenhang mit Oralität und der mit ihr verbundenen primären Objektliebe gehen mit späteren Störungen einher: mit Sucht, Störungen der Genussfähigkeit, bestimmten Formen von Depressivität und Beziehungsstörungen. Sublimierungen oraler Impulse können etwa im »Wissensdurst« und im »Verschlingen« von Büchern liegen, aber auch in dem kenntnisreichen Genuss guten Essens.

Oralität ist in der Vergangenheit stark an soziale Interaktionen gebunden gewesen – die Zubereitung von Essen war aufwändig, gegessen und getrunken wurde gemeinsam in einer Gruppe. Diese Verbindung ist in der heutigen Gesellschaft gelockerter (Wasser zum Trinken wird mitgeführt, in Familien findet Essen häufiger individuell und ohne Abstimmung mit anderen statt). Möglicherweise verändert dies das kulturelle und individuelle Erleben von Oralität. Frühere Erfahrungen, – wie das Gestilltwerden – können vor dem

Hintergrund neuer kultureller Muster im Nachhinein in anderer Weise bewertet und repräsentiert werden.

Auch in der Theorie Melanie Kleins spielt ein oral geprägtes Erleben, vor allem in seiner aggressiv sich einverleibenden Form (1952, dt. 1962) eine Rolle. Melanie Klein hat sehr früh dem Säugling weitergehende mentale Kompetenzen zugeschrieben. Unbewusste Phantasien bauen auf vorgeburtlichen Mustern (den »Präkonzeptionen«) auf und entfalten sich in dieser Theorie als Ausdruck der Triebe von Geburt an. Sie nehmen komplexe Formen an, innerhalb derer Kleinianer ein Erleben von Schuld, Wiedergutmachungswünschen und Konflikten bereits im ersten Lebensjahr annehmen. Zentral – und Ähnliches aufgreifend wie die Beziehungsmodi der Mentalisierungstheorie – ist die Unterscheidung von zwei »Positionen«, die charakteristische Formen des Erlebens des Selbst und der Objekte beschreiben. Beide bleiben über das gesamte Leben erhalten. Zur Diskussion der unterschiedlichen Konzeptionen unbewusster Phantasien siehe Bohleber et al. (2016), zur Entwicklung der Psychosexualität in den ersten Lebensjahren Mertens (1997).

## 4.6 Paranoid-schizoide und depressive Position

Der Begriff der »Position« bedeutet hier eine Konstellation charakteristischer Ängste, Abwehrprozesse, Objektbeziehungen und mentaler Strukturen.

Bei der paranoid-schizoiden Position wird von einem von Geburt an kompetenten frühen Ich ausgegangen, das zwischen innen und außen unterscheidet. Der Säugling hat hier die Kompetenz, zwischen guten und bösen Erfahrungen zu unterscheiden und sich so eine gute und eine böse (nicht stillende, ihm nicht zur Verfügung stehende, frustrierende) Brust zu schaffen. Alle (Körper-)Wahrnehmungen erlebt das Baby als durch gute oder schlechte Partialobjekte verursacht. Sie werden als »verfolgend« erlebt; das Kind kann ihnen, da es sich um Projektionen des eigenen Erlebens auf die Außenwelt handelt, nicht entkommen. Die paranoid-schizoide Position wird ab dem 4. Lebensmonat von der depressiven Position abgelöst. Die erfolgreiche Überwindung der frühen Ängste führt zu einer sich verändernden Organisation der Welt des Säuglings. Das Objekt wird als ein Ganzes erkannt: Die guten und bösen Erfahrungen stammen von einer Person. Dabei entdeckt sich das Kind ebenfalls als Individuum und die Spaltung in Gut und Böse lässt nach. Der Säugling nimmt seine eigene Hilflosigkeit und Abhängigkeit wahr. Er kann sich nun auch an gute Erfahrungen erinnern.

Angstgefühle in der depressiven Position entspringen der Ambivalenz. Die zentrale Angst liegt darin, das geliebte Objekt, von dem es abhängig ist, durch die eigenen destruktiven Regungen zu zerstören. Damit ist zugleich ein Angriff auf das innere Objekt – die repräsentierten guten Erfahrungen – gegeben. Der Säugling erlebt hier bereits Trauer, Sehnsucht und Schuldgefühle. Er sehnt sich danach, den Schaden, den seine allmächtige Phantasie angerichtet hat, wiedergutzumachen, also die geliebten Objekte durch seine eigene Liebe und Sorgfalt wiederherzustellen. Der depressive Konflikt ist so ein Kampf zwischen Zerstörungswünschen des Kindes und Wiedergutmachungsimpulsen. Die depressive Position muss das ganze Leben hindurch immer wieder neu erarbeitet werden, da Wechsel zwischen den Positionen (paraniod-schizioiden und depressiven Positionen) in Abhängigkeit von äußeren und inneren Einflüssen möglich sind.

Aus den Theorien Melanie Kleins ist das Konzept der Spaltung – meist in gute und böse Selbst- und Objektrepräsentanzen – breit rezipiert worden. Es wird in klinischen Modellen zum Verstehen schwerer Entwicklungsstörungen verwendet (z. B. Kernberg, 1978). Aus der Position empirischer Säuglingsbeobachtung wird das Konzept der Spaltung als eines frühen und regelhaft auftretenden Abwehrmechanismus und das Konzept der unbewussten Phantasien sehr junger Kinder in Frage gestellt (siehe dazu z. B. Krause, 2017, Dix, 2018). Zwar werden zunehmend weitergehende Kompetenzen sehr junger Kinder beobachtet und beschrieben; die Annahme unbewusster Phantasien und differenzierter Abwehrmechanismen vor der Entwicklung einer in sozialen Interaktionen differenzierten Ich-Struktur und den damit verbundenen Kompetenzen (▶ Kap. 5, ▶ Kap. 6 und ▶ Kap. 7) widersprechen aber den Beobachtungen der empirischen Säuglingsforschung. Daniel Stern (z. B. 2016) hat für die ersten Monate des Lebens ein erstes kontinuierliches Selbstempfinden beschrieben, in dem Wahrnehmungen zunächst übergreifend über die verschiedenen Sinnesmodalitäten geordnet werden (Eltern folgen z. B. einer Melodie oder dem Rhythmus der Sprache mit einer motorischen Bewegung – beide Wahrnehmungen werden vom Kind integriert). Zugleich bilden sich mit den als von Stern beschriebenen »Vitalitätsaffekten« auch Repräsentanzen zeitlicher Verläufe von Intensitäten aus (deutlich im gemeinsamen »Tanzen«). Diese Erfahrungen werden als »auftauchendes Selbst« beschrieben und etwa ab dem dritten Lebensmonat durch das Empfinden eines »Kernselbst« ergänzt. Mit dem Kernselbst entwickelt sich ein integriertes Empfinden einer Kontinuität des Erlebens, verbunden mit Kohärenz und dem Wahrnehmen anderer als getrennte, eigenständige Interaktionspartner (vergleiche das Auftreten des Sozialen Lächelns in dieser Zeit). Diese »primäre intersubjektive Einstimmung« bleibt als Muster des Verhaltens und Erlebens und Grundlage komplexerer Ordnungen lebenslang erhalten. Sie wird weiter ergänzt durch eine »sekundäre intersubjektive Einstimmung« ab dem 6. Lebensmonat. Hier tritt das Zeigen auf, über das mit einem anderen Menschen Aufmerksamkeit in Bezug auf ein drittes Objekt geteilt wird. In diesen Interaktionen beginnt die Erschaffung eines »Übergangsobjekts«, das die gemeinsamen Beziehungserfahrungen und die Person, mit der sie erlebt wurden, repräsentiert. Übergangsobjekte tragen dazu bei, innere Repräsentanzen auch in Trennungen zu erhalten, indem sie als fass- und sichtbare Objekte der Außenwelt an die gemeinsamen Erfahrungen erinnern und sie repräsentieren. Trennungen von geliebten Personen können so leichter überstanden werden. Zur Bewältigung von Belastungen dient auch die Entwicklung idealisierter Bilder von anderen (idealisierte Elternimagines) und von sich selbst (Größenselbst). Sie werden im Zuge von Enttäuschungen in der Auseinandersetzung mit der Realität langsam von realistischeren Bildern abgelöst, können aber regressiv unter Belastungen wieder auftauchen.

**Zusammenfassung**

Nach der Geburt stehen Kinder und Eltern vor der Aufgabe der gemeinsamen Regulation körperlicher und psychischer Bedürfnisse. Von Anfang an kommunizieren Babys aktiv mit ihrer Umwelt und halten Kommunikation aufrecht. Durch eine prompte, markierte und kontingente Spiegelung ihrer Affekte durch Bezugspersonen erwerben Babys Möglichkeiten der Regulation ihrer Affekte und ihrer Beziehungen. Das Konzept der Oralität beschreibt, wie Säuglinge ihre sinnlichen Beziehungserfahrungen zunächst über das Erkunden mit dem Mund strukturieren – Austausch mit anderen, geben und versorgt werden, sich etwas einverleiben oder es ausspucken und von sich weisen.

Aus den Repräsentanzen dieser Erfahrungen und biologischen Prädispositionen entwickeln sich Erwartungen und intrapsychische Strukturen, die sich als soziales Lächeln und als ängstliche Reaktionen auf Fremde zeigen. Die Art des In-Beziehung-Tretens mit anderen kann über die Bedeutung der Oralität, als »Position« (Klein) oder vor dem Hintergrund der Selbstentwicklung (Stern) beschrieben werden.

Ältere Konzepte von Säuglingen als unsozial, autistisch oder egozentrisch sind durch empirische Untersuchungen wiederlegt worden. Das Bild des Säuglings ist heute das einer von Geburt an auf ein Gegenüber bezogenen, kommunikativ kompetenten Person, die ihre angeborenen Fähigkeiten in Interaktionen mit affektiv bedeutungsvollen Anderen entwickelt.

## Literatur zur vertiefenden Lektüre

Dornes, M. (1993). *Der kompetente Säugling* (14. Aufl. 2015). Frankfurt am Main: Fischer.

Dix, M. (2018). Beziehungserfahrungen und Fantasietätigkeit von Säuglingen in den Theorien von Melanie Klein und Daniel Stern. *Forum Psychoanal 33*, 415–430.

Krause, R. (2017). Affektpsychologische Überlegungen zu Seinsformen des Menschen. *Psyche Z Psychoanal 71*, 453–478.
Stern, D. (2011). *Tagebuch eines Babys*. München: Pieper.

## Fragen zum weiteren Nachdenken

- Wo erkennen Sie etwas von den in diesem Kapitel beschriebenen Mustern und Motiven bei sich oder anderen Erwachsenen?
- Entsteht Subjektivität und die damit verbundene Freiheit aus der Entwicklung des Individuums oder erst im Kontakt mit anderen – wird sie einem von anderen »zugeschrieben«?
- Versuchen Sie eine Beschreibung der Zusammenhänge von Trieben, »Präkonzeptionen« von Beziehungen, Bedürfnissen, Wünschen und Affekten im Säuglingsalter zu formulieren.

# 5 Erkundungsverhalten und Bindungsentwicklung

»Attachment is a deep and enduring emotional bond that connects one person to another across time and space« (John Bowlby).

## Einführung

Kinder und ihre Eltern stehen im zweiten Lebensjahr des Kindes – entwicklungspsychologisch gedacht in der Zeit zwischen dem Auftreten des Fremdelns und der Hochphase des Trotzens – vor der Aufgabe, Bindungen zu gestalten, Erfahrungen mit dem Erkunden der Welt zu sammeln und ihr »Ich« zu entwickeln. Körperliche und seelische Entwicklung sind wieder eng miteinander verbunden. Weglaufen (können) und sich einfangen lassen wird zu einem lustvollen Spiel, in dem Autonomie und Bindung/Zugehörigkeit eingeübt werden. Der Wechsel von Erkundungsverhalten – sich in den Sandkasten wagen und mit anderen, Fremden spielen – und Bindungsverhalten – zurück zur Mutter kommen und dort, im »sicheren Hafen« »auftanken« – durchzieht die Interaktionen mit Eltern und anderen wichtigen Betreuungspersonen.

Das lustvolle Erkunden der Kinder in dieser Zeit wird unterschiedlich erlebt und beschrieben – als »Verliebtheit« in die Welt, von der sich Erwachsene in Interaktionen mit Zweijährigen anstecken lassen können, als anstrengende Belastung der Eltern (auf Englisch heißt es, »terrible two«) oder auch als Bedrohung einer als harmonisch verschränkt erlebten dyadischen Beziehung zur Mutter oder zum Vater (▶ Kap. 6), die durch ein »Nein« des Kindes verändert wird.

**Lernziele**

- Bindung und Exploration im Verhalten eines Kindes und als innere Struktur kennen.
- Bindungstypen unterscheiden können.
- Die Entwicklung der Bindungstheorie diskutieren können.
- Das Erleben von Analität beschreiben können.
- Trotz in seinen entwicklungsfördernden Funktionen kennen.

## 5.1 Erkunden und Sichern – das Bindungssystem

Aus Sicht der Säuglingsforschung wird unter dem Begriff Bindung eine enge soziale Beziehung zu einer vertrauten Bezugsperson verstanden, die Schutz und Unterstützung bieten kann. Die biologische Grundlage für Bindung ist das Bindungsverhaltenssystem, das bei Furcht, Kummer, Krankheit, Erschöpfung oder Verunsicherung ausgelöst wird. Im Verhalten zeigt sich das aktive Bindungssystem als Aufsuchen von Körperkontakt oder gezielter Kommunikation. Dabei dient die Bindung nicht der Befriedigung anderer Triebe (z. B. Nahrung oder Sexualität), sondern ist Ziel an sich. Bindungen bleiben über die frühe Kindheit hinaus ein Leben lang aktiv und haben über Ort und Zeit hinweg Bestand. Es existiert ein »gefühlsmäßiges Band« zwischen dem Kind und seiner vertrauten Bezugsperson. Mikulincer und Shaver (2007) haben fünf Aspekte beschrieben, die eine sichere Bindungsbeziehung zwischen Kind und Fürsorgeperson kennzeichnen:

- Das Kind sucht die *Nähe* der Fürsorgeperson, besonders in ängstigenden Situationen,
- die Fürsorgeperson wird im Sinne der Beruhigung/Affektregulation als *sicherer Hafen* genutzt,
- die Fürsorgeperson dient als *sichere Basis* als Ausgangspunkt für Explorationsverhalten,

- die Fürsorgeperson wird als *stärker und weiser* erlebt und
- eine Unterbrechung des Kontaktes mit der Fürsorgeperson löst *Trennungsangst* aus.

Bowlby (1975) verband in seinen Arbeiten psychoanalytische und verhaltenswissenschaftliche Konzepte. Umweltfaktoren und die mit ihnen gemachten Erfahrungen prägen ein bei Säugetieren angeborenes System der Verhaltensregulation – das Bindungssystem. Die Bindungstheorie geht von dem Bedürfnis kleiner Kinder nach Sicherheit in der Beziehung zu ihren Müttern aus. Die Sicherung dieser Beziehung, auf die Kinder existentiell angewiesen sind, hat Vorrang vor anderen Bedürfnissen.

Bindungspersonen spielen eine wesentliche Rolle in der Entwicklung und Gestaltung der Organisation von Bindungen. Sie stellen eine »sichere Basis« dar, von der aus Kinder ihre Umwelt erkunden. Das Bindungsverhaltenssystem steht in einem konflikthaften Verhältnis zum Explorationsverhaltenssystem und dem Wunsch nach Neuem (Neugier) – ein Verhältnis, das häufig in Form einer Wippe dargestellt wird. Die wechselnde Aktivierung dieser beiden Systeme fördert die Entwicklung von kognitiven und emotionalen Fähigkeiten. In einer emotional entspannten Situation bleibt das Bindungsverhaltenssystem des Kindes inaktiv, das Explorationsverhaltenssystem hingegen aktiv. Ist das Explorationssystem längere Zeit aktiv gewesen oder gerät das Kind in eine Belastungssituation wird das Bindungsverhalten aktiviert und das Explorationsverhalten lässt nach. Bindungspersonen sollten die Signale und Kommunikationsangebote von Kindern wahrnehmen, richtig interpretieren und der Situation und dem Entwicklungsstand des Kindes entsprechend reagieren. Dazu brauchen sie Feinfühligkeit und die Fähigkeit, Handlungen des Kindes als sinnhaft aus der Perspektive des Kindes zu verstehen (Mentalisierung). Die in Bindungsbeziehungen gemachten Erfahrungen werden als Inhalte des prozeduralen Gedächtnisses gespeichert, überarbeitet und generalisiert. Sie sind dann erste »innere Arbeitsmodelle« (Strukturen) und beeinflussen das weitere Verhalten. Als Inhalte des impliziten Beziehungswissens sind sie nicht bewusst. Die Bindungstheorie nimmt an, dass Kinder durch ihre Erfahrungen in Interaktionen ein spezifisches Bindungsverhalten entwickeln, das etwas davon zeigt, wie mit ihren Bindungs- und Explorationswünschen – und den sich dabei zeigenden Affekten – umgegangen wurde. Dies hat deutliche Folgen für die spätere Entwicklung eines Menschen, den Umgang mit eigenen Kindern und die Entwicklung in psychotherapeutischen Beziehungen (Grossmann & Grossmann 2007; Grossmann & Grossmann, 2008; Strauß, 2011).

## 5.2 Bindungsmuster

Die Bindungstheorie beschreibt differenziert, wie Kinder sich an das Bindungsverhalten ihrer Mütter adaptieren. Zu einer auf die Bedürfnisse eines Kindes feinfühlig und verlässlich eingehenden Bezugsperson entwickelt sich in der Regel eine »sichere Bindung«: Das Kind nutzt die Mutter (und später andere Menschen) als ein Sicherheit gebendes Objekt. Es kann in der Sicherheit der Bindung zur Mutter relativ angstarm erkunden – die Beziehung zur Mutter, zu anderen Menschen und zur sich entwickelnden Welt der Objekte. Sicher gebundene Kinder nehmen ihre Eltern in mancher Hinsicht mehr in Anspruch als unsicher gebundene Kinder – sie schlafen z. B. schlechter (Nolte et al, 2006) – oder machen sich dann, wenn sie nachts aufwachen, eher bemerkbar und wirken zunächst weniger »selbständig«.

Wenn sich die Mutter oder der Vater nicht ausreichend an die Bedürfnisse ihres Kindes anpassen, wird das Kind versuchen, eine gewisse Sicherheit »über Umwege« zu erreichen. Es entwickeln sich Beziehungsmodi, die als »unsicher-ambivalent« oder »unsicher-vermeidend« beschrieben werden. Unsicher-vermeidend gebundene Kinder drücken Trauer bei Trennungen von der Mutter wenig aus. Ihre scheinbare Gelassenheit Trennungen gegenüber ist aber mit einer starken Ausschüttung von Stresshormonen verbunden. Trotz physiologisch nachweisbaren Belastungen gelingt es Kindern in den unsicheren Bindungsmustern, sich an die Bedingungen ihrer Umwelt so anzupassen, dass sie sich ein Bild von den zu erwartenden Reaktionen ihrer Bindungspersonen machen. Sie erleben diese daher in der Regel als verlässlich. Ihre frühe – eigentlich verfrühte – Selbständigkeit wird häufig besonders anerkannt, die damit verbundene Not dagegen wenig oder nicht gesehen.

Wenn eine Anpassung an das Verhalten der Bindungspersonen nicht gelingt, das Kind also keine ausreichend guten Voraussagen zum Verhalten der Bindungsperson machen kann, wird dies als »Desorganisation/Desorientierung« beschrieben. Im Gegensatz zu den oben dargestellten unsicheren Bindungs*stilen* liegt hier eine Bindungs*störung* vor. Sie ist durch ein widersprüchliches Verhalten des Kindes gekennzeichnet – Annäherung und aggressive Abwehr können gleichzeitig vorkommen oder zu einem »Erstarren« der Reaktionen des Kindes führen. Hier ist es zu einem Zusammenbruch von Aufmerksamkeits- und Verhaltensstrategien bei Kindern gekommen, die ihre Orientierung an die Bindungsperson verloren haben. Kinder mit diesem Verhalten zeigen auf der physiologischen Ebene die höchsten Indikatoren von Stress. Die Mutter – und andere Bindungspersonen – sind zugleich ein Ort der Sicherheit und der Gefahr. Manchmal entsteht diese Form einer Bindungsstörung in der Folge physischer oder psychischer Misshandlung von Kindern durch eine Bindungsperson.

Die folgende Tabelle (▶ Tab. 5.1) beschreibt die drei Bindungsmuster und führt sie auf Erfahrungen in der Interaktion mit den Eltern zurück.

Der Bindungsstil wird meist mit dem »Fremde-Situations-Test« FST bei Kindern im Alter von 12–24 Monaten bestimmt. In acht kurzen aufeinander folgenden Episoden erfährt das Kind in zunehmender Intensität Unvertrautheit, die Anforderung, sich Fremdem auszusetzen, sowie kurze Trennungen von der Mutter. In diesem Test werden das Erkundungs- und das Bindungssystem des Kindes angesprochen. Die aussagekräftigsten Informationen über die Qualität der Bindungsbeziehung lassen sich aus Beobachtungen des Zeitraums ziehen, in dem das Kind seiner Mutter nach einer Trennung wieder begegnet.

Bindungsqualität wird häufig als eine wenig veränderliche Eigenschaft des Kindes betrachtet. Grossmann und Grossmann (2007, S. 18) schreiben dazu:

> »Es ist nachdrücklich zu betonen, dass dasselbe Kind zu einer anderen Bindungsperson eine andere Bindungsqualität haben kann. In der Kleinkindzeit sind Bindungsqualitäten spezifisch für jeweilige einzelne Beziehungen, sie sind (noch) kein Merkmal des Kindes als Person«.

**Tab. 5.1:** Bindungsmuster und Interaktionserfahrungen (aus Staats, 2014, S. 73)

| | **unsicher-vermeidend** | **sicher** | **unsicher-ambivalent** |
|---|---|---|---|
| **Ursachen** | Bedürfnisse des Kindes werden in der Regel wenig beachtet. | Eltern erfüllen die sozialen Bedürfnisse ihrer Kinder in der Regel ausreichend feinfühlig. | Eltern reagieren zeitweise feinfühlig, dann aber wieder nicht. |
| **Verhalten** | Kinder zeigen ihre Gefühle nicht mehr offen, wirken betont unabhängig und selbständig. | Kinder zeigen offen ihre Gefühle und Bedürfnisse und vertrauen darauf, dass diese in der Regel erfüllt oder verstanden werden. Sie lassen sich nach Belastungen durch eine Bindungsperson leicht trösten. | Kinder suchen beständig Kontakt zur Mutter, um sich zu vergewissern, wie ihr aktueller Zustand ist. Nach Belastungen lassen sie sich schwer trösten. |
| **Mögliche Folgen** | • Spiel selbständig, aber teilweise weniger phantasievoll<br>• länger andauernde, starke körperliche Stressreaktionen<br>• soziale Unsicherheiten<br>• situativ vermindertes Explorationsverhalten<br>• »bequeme« Kinder<br>• Eltern manchmal stolz auf scheinbare Unabhängigkeit ihres Kindes | • phantasievolles Spielen<br>• aktives Erkundungs- und Lernverhalten<br>• fordern und wünschen rasch Hilfe und Unterstützung<br>• weniger ängstlich<br>• kürzere und weniger starke körperliche Stressreaktionen<br>• nachts häufigeres Aufwachen<br>• gut kooperierend, Zusammenarbeit »vergnüglich« | • Spiel weniger phantasievoll und weniger selbständig<br>• eingeengtes Explorationsverhalten<br>• Lernen mancher Sachverhalte verzögert<br>• oft belastende Interaktionen, Kinder »fordernd« |

Unterschiedlichen Bezugspersonen gegenüber zeigen Kinder auch unterschiedliches Bindungsverhalten. So kann ein Kind z. B. mit seiner Mutter ambivalent gebunden sein und mit dem Vater sicher. Empirische Untersuchungen (NICHD, 2006) zeigen, dass sich eine feinfühlige Betreuung in Kindergarten und Krippe auch auf die Bindungsbeziehung zu den Eltern positiv auswirken kann. Ein solcher Effekt ist dann nachweisbar, wenn die Beziehungen der Kinder in ihren Ursprungsfamilien belastet sind. Kinder können also etwas, das sie im Kindergarten gelernt haben, auf die Beziehungen in ihrer Ursprungsfamilie übertragen und dort Veränderungen einleiten. Mit wachsendem Alter werden Bindungsbeziehungen zunehmend hierarchisch geordnet und stärker generalisiert.

## 5.3 Weiterentwicklung von Bindung und Bindungstheorie

Die Bindungstheorie hat eine hohe Bedeutung für die Arbeit in Krippe, Kindergarten und Hort bekommen. Sie ist als Theorie auch deshalb so einleuchtend, weil sie sich nicht auf das Erleben der Kinder bezieht, sondern auf beobachtbares Verhalten. Pädagogen und Psychotherapeuten sind damit nicht allein auf ein Verstehen der subjektiven Welt des Kindes angewiesen. Sie können Verhalten klassifizieren und daraus Schlüsse ziehen, die dann auch das Erleben der Kinder betreffen. Wichtiger Verdienst der Bindungstheorie ist ihr Hinweis auf die Notwendigkeit von Bindungspersonen – bei Kindern und auch im späteren Leben als Erwachsene. Kinder benötigen in den ersten Tagen in Krippe oder Kita ihre Bindungsperson, um sich in der neuen Situation zurechtzufinden und dann neue Beziehungen aufbauen zu können. Erst wenn die Erzieherin auch eine »sichere Basis« für das Kind darstellt, kann das Kind sich gut in der neuen Umgebung zurechtfinden (▶ Kap. 8). Aus psychoanalytischer Sicht sind Schlussfolgerungen aus der Bindungstheorie auch kritisiert worden – die Einengung auf ein Motivationssystem zur Erklärung vieler Aspekte menschlichen Verhaltens vereinfache zu stark (siehe dazu Fonagy & Campbell, 2017, aus Sicht der Bindungstheorie). Die Betonung des Bindungsaspekts – im Vergleich zur Entwicklung von individueller Autonomie, wie sie etwa in der Triebtheorie besonders deutlich ist – mag auch eine Antwort auf gesellschaftliche Entwicklungen sein: Wenn Freiheit von Bindungen zu einer wirtschaftlich und gesellschaftlich vertretenen Forderung wird (und ängstigt), rückt das, was fehlt – hier sichere und verlässliche Bindungen – in den Fokus der Aufmerksamkeit.

Vor allem in den Arbeiten von Fonagy und seiner Forschungsgruppe zeigen sich Entwicklungen der Bindungstheorie, in denen das Konzept der sicheren Bindung weniger stark gewichtet und durch das Konzept der Mentalisierung ersetzt wird. Sichere Bindung ist in diesen Überlegungen kein Wert an sich mehr – sie wird für die Entwicklung eines Kindes dadurch wertvoll, dass sie gute Bedingungen für die Entwicklung der Fähigkeit zum Mentalisieren schafft (▶ Kap. 6 und ▶ Kap. 7). Mentalisieren – die Fähigkeit, sich selbst von außen und andere aus ihrer Perspektive »von innen« sehen zu können – ist zu einem neuen Paradigma der Entwicklungsforschung geworden. Manche Vertreter der Bindungstheorie sehen im Mentalisieren ein alle unterschiedlichen Richtungen von Psychotherapie vereinendes Konzept (Schultz-Venrath, 2015). Auch in die Pädagogik strahlt dieses Modell aus. Inzwischen liegen aber aus der Gruppe von Fonagy und anderen Arbeitsgruppen Forschungsarbeiten vor, in denen die breite Verwendung des Mentalisierungskonzepts auch beklagt wird. Als drittes, aktuelles Paradigma etabliert sich in der Entwicklungspsychologie und der Pädagogik das Konzept des Epistemischen Vertrauens – der Bereitschaft, Informationen von anderen zu vertrauen und diese als für sich bedeutungsvoll wertzuschätzen. Epistemisches Vertrauen ist ein wichtiger Aspekt für soziales Lernen. Empirische Untersuchungen zeigen, wie stark Beziehungsaspekte (»ostentative Signale«, die Kontakt vor dem Vermitteln einer Information herstellen) den Lernerfolg beeinflussen. Der Reichtum kulturellen Wissens wird so auf der Grundlage epistemischen Vertrauens in andere weitergegeben – das meiste, was wir wissen, kennen wir nicht aus eigener Anschauung. Wir glauben diesen Informationen, weil wir sie von vertrauenswürdigen Anderen gehört haben und annehmen, dass diese anderen Menschen ihre Informationen (in der Regel) wohlwollend, bezogen und für unsere Perspektive gestaltet mitteilen. Fonagy und andere sprechen davon, dass das biologisch vorgegebene Bindungssystem für die Transmission kulturellen Wissen »gekapert« worden sei. Nur so habe sich die komplexe menschliche Kultur entwickeln können. Viele, wenn nicht alle Formen von Psychopathologie ließen sich auf Störungen des epistemischen Vertrauens, des Lernens in Beziehungen zurückführen (Fonagy & Allison, 2014). Gergely und Unoka (2011) prägen den Begriff einer »Natürlichen Pädagogik«, die auf epistemischem Vertrauen und seiner Entwicklung aufbaut. Wissensvermittlung an Kinder wird hier über ein Markieren kommunikativer Absichten beim Handeln und ein damit einhergehendes Mobilisieren der lernenden Haltung beschrieben. Bei kleinen Kindern trägt die Entwicklung epistemischen Vertrauens dazu bei, dass sich ein introspektiv wahrnehmbares subjektives Selbst herausbildet. Dieses eigene affektive Selbst ist allerdings – wegen fehlender Introspektionsfähigkeit des kleinen Kindes – für es selbst zunächst »unsichtbar« und nicht bewusst. Daraus entsteht eine Orientierung nach außen – das eigene Selbst wird im anderen entdeckt.

Mit dem Konzept des Epistemischen Vertrauens finden sich Verbindungen zu Freuds frühem Konzept der »unanstößigen Übertragung« und zu anderen Forschungsrichtungen, von denen hier zwei genannt sein sollen. Hrdy (2009, dt. 2010) beschreibt aus anthropologischer Sicht, dass sich menschliche Kultur dadurch habe entwickeln können, dass mehrere Frauen sich die Versorgung eines Neugeborenen teilen; sie spricht von »Allomüttern«. Kinder lernen dadurch früh, sich auf unterschiedliche Informationen zu verlassen, sie entwickeln epistemisches Vertrauen. Auch die Beobachtungen von Emde und Sorce (1983) zum Social Referencing lassen sich mit diesem Konzept gut einordnen. Sie beschreiben, wie Kinder sich in unbekannten Situationen am Gesicht der Mutter oder einer anderen Bindungsperson orientieren und deren affektiven Ausdruck nutzen. Sie entscheiden anhand der wahrgenommenen Reaktion, ob sie ihre Exploration fortsetzen oder (etwa als zu gefährlich) abbrechen. Aus psychoanalytischer Perspektive ist hier das konflikthafte dieser Entscheidungsprozesse zu beachten. Neben der Entwicklung von Vertrauen in andere wird die Entwicklung des Eigensinns berücksichtigt, die sich im »Selber-Machen« und im Trotz Ausdruck verschafft.

## 5.4 Ich-Entwicklung, Selbstentwicklung und der Aufbau innerer Repräsentanzen

Im zweiten Lebensjahr entwickelt sich nach dem Spielen in der Zweierbeziehung mit der Bindungsperson (»face to face«) zunehmend symbolisches Spielen. Ein Gegenstand oder Ereignis kann jetzt durch einen anderen ersetzt und repräsentiert werden. Im Symbolspiel kann das Kind unbefriedigende Erfahrungen wiederholen und zu einem besseren, befriedigenderen Ende bringen. Wichtig ist hier, dass eine Distanz zum realen Geschehen eingenommen werden kann (Dornes, 2010, S. 204). Strukturell ist diese Trennung von innerer und äußerer Realität mit der Entwicklung des »Als-ob-Modus« verbunden (▸ Kap. 6). Kinder können sich in ihr Spielen versenken und Gegensätze tolerieren: Die Schachtel, mit der sie spielen, ist gleichzeitig das Boot, mit dem sie am Vortag gefahren sind, und die Schachtel, in der Stifte aufbewahrt werden.

Sensorische und motorische Entwicklungen ermöglichen es Kinder zunehmend, den Abstand zu Bezugspersonen selbständig zu regulieren. Die Brennweite des Auges verschiebt sich und damit der Fokus der Wahrnehmung. Beziehungen können den eigenen Wünschen aktiver angepasst werden. Neue Erfahrungen mit der Regulation von Beziehungen prägen das Erleben, wenn wachsende Erwartungen an das Kind gerichtet sind. Diese Erwartungen anderer sind häufig konflikthaft und allenfalls kurzfristig lösbar – das Kind soll (und will) »lieb« sein und sich anpassen, es will (und soll) aber auch Eigenes entwickeln, sich ausprobieren und selbständig werden. Die mit diesen Konflikten verbundenen sinnlichen Erfahrungen werden mit dem Erwerb der Kontrolle über den eigenen Stuhlgang verbunden. Die anale Phase der Entwicklung und ihre Auswirkungen auf spätere Verhaltensweisen (»anale Charakterzüge«) stellen eine Verbindung zwischen körperlichen und psychischen Entwicklungen in dieser Zeit dar.

## 5.5 Analität und Eigensinn

Die anale Phase (Beginn etwa gegen Ende des zweiten Lebensjahrs) beschreibt die Entwicklung und den Ausgang von Konflikten um Anpassung und Autonomie. Die Konflikte um das eigene »Machen«, das Sich-Trennen von Eigenem und um das Behalten und Hergeben werden mit der Sauberkeitserziehung und dem Erlangen von Kontrolle über die Ausscheidungen in Verbindung gebracht. Hier treten Anforderungen der Eltern und der Gesellschaft erstmals deutlich in Erscheinung – eine Leistung wird erwartet und muss erbracht werden – das »erste Geschäft« wird gemacht, es »muss« gemacht werden. In diesen sprachlichen Assoziationen wird schon etwas von dem Konflikthaften dieser Entwicklung deutlich. Kinder sind neugierig und interessiert an dem, was sie »gemacht« haben. Die Haltung Erwachsener gegenüber dem Kot des Kindes ist ambivalent – es wird freudig begrüßt, aber mit dem Affekt des Ekels rasch beseitigt und dem Spiel des Kindes entzogen. Das Kind kann jetzt etwas geben, den Kot aber auch zurückhalten – beides ist mit intensiven sinnlichen Erfahrungen verbunden. Festhalten und Loslassen können erprobt werden. »Macht« wird erlebt und als »Bemächtigungstrieb« lustvoll gestaltet – oder das eigene Bestimmen wird, wie beim gemeinsamen »Topfen« in Kindergärten und Krippen, der individuellen Kontrolle entzogen und zu einer Aufgabe, die in gemeinsamer Anpassung erledigt wird. Kinder erleben die Verletzung ihrer erwachenden Autonomie, wenn sie nicht selbst entscheiden dürfen und können – passiver Widerstand (Verstopfung, später die Verzögerung von Aufgaben als »Prokrastination«) oder aktive Opposition können sich entwickeln. Ein Bestehen der Bezugspersonen auf »Prinzipien« kann als Ausdruck der Angst vor der Autonomie des Kindes betrachtet werden; das Kind »versteckt« dann seine Autonomiewünsche. Die willkürliche Steuerung des Stuhlgangs geht mit Stolz, Trotz, bei einem Misslingen auch mit Scham, Wut und Zweifel einher. Verstopfung, das Einhalten bestimmter Rituale und Wutanfälle (»Trotz«) kommen in dieser Entwicklungsphase vermehrt vor.

Erfahrungen im Umgehen mit Ambivalenzen, mit dem eigenen »Bestimmen-Können« oder »Sich-unterwerfen-Müssen« werden in dieser Zeit integriert und Bestandteil einer psychischen Struktur. Sie sind im späteren Leben mit Ordentlichkeit, Sparsamkeit und Eigensinn verbunden, Charaktereigenschaften, die Freud als »anale Trias« beschreibt. Entscheidungsschwierigkeiten können als Ausdruck bleibender hoher Ambivalenz und dem nicht integrierten Auftreten eines »Gegenwillen« verstanden werden. Übermäßige Ordentlichkeit besteht häufig neben Vermüllungstendenzen (nichts wegwerfen können). Eigensinn ist manchmal mit einem habituellen Widersprechen im Sinne des Wahrens der eigenen Autonomie verbunden. Bei schwereren Konflikten in der Entwicklung von Autonomie werden als spätere Folgen Pedanterie, Geiz und Starrsinn beschrieben (Weiterführendes z. B. bei Müller-Pozzi, 2002).

Heute entspinnen sich die hier beschriebenen Konflikte weniger als früher um die Erziehung zur Sauberkeit. Vor dem Zeitalter von Papierwindel und der Waschmaschine war die Bedeutung der Reinlichkeitserziehung höher; Kontrolle und Unterwerfung, Ordnung und Eigensinn waren möglicherweise auf diesem Feld auch affektiv stärker besetzt und sinnlicher erfahrbar. Konflikte um »Willkür« und »Eigensinn«, um Ambivalenzen und das Selber-Machen entwickeln sich stattdessen häufig in Situationen, in denen Kinder Eigenes erproben wollen, Eltern oder Bezugspersonen dagegen an einem raschen Erledigen dieser Aufgaben interessiert sind. Es ist in einem enger getakteten Berufsleben der Eltern und in der organisierten Betreuung in der Krippe dann selten Zeit dafür, dass sich ein Kind den Reißverschluss selbst zumacht oder auf dem Weg zur Krippe einem neuen Eindruck nachgehen kann. Das »Selber-Machen-Wollen« (und dies noch nicht schnell oder noch gar nicht können) wird zum Auslöser von Trotzanfällen.

Mahler, Pine und Bergman (1996) betonen die Notwendigkeit der Abgrenzung von der Mutter (z. B. im Trotzen) und der sich daran anschließenden Wiederannäherung. Vor dem Hintergrund einer gelungenen Separation und Individuation des Kindes kann sich dieses wieder der Mutter annähern, mit ihr übereinstimmen und sich selektiv mit ihr identifizieren. Die Wiederannäherung an die Mutter nach dem Entwickeln ausreichend stabiler Abgrenzungen ist oft mit ambivalenten Gefühlen und der Angst verbunden, die mühsam errungene Eigenständigkeit wieder zu verlieren – sie wird daher als Wiederannäherungskrise bezeichnet. In Trotzanfällen erleben Bezugspersonen etwas von der nicht lösbaren Konflikthaftigkeit dieser Entwicklungsaufgaben des Kindes mit. Sie können nicht helfen (weil das Kind es allein machen will) und können auch nicht fortgehen (weil das Kind sie ja doch braucht, die Situation nicht allein bewältigen kann). Dies ist eine Herausforderung, die oft mit Wut und Verzweiflung bei allen Beteiligten einhergeht. Zugleich werden in diesen Situationen zentrale Erfahrungen gemacht: das Ertragen von Ambivalenz in einer sichernden Beziehung; die aktive Abgrenzung von anderen und die Erfahrung eines eigenen wirksamen Willens (siehe dazu die Geschichte »Lotta zieht um« von Astrid Lindgren). Gefühle von Beschämung (etwas noch nicht zu können) und das Erleben von Ungerechtigkeit müssen gemeinsam bewältigt werden. Das »Ich« entwickelt in diesen Auseinandersetzungen mit anderen die Voraussetzungen für die spätere Integration aggressiven und sexuellen Erlebens (▶ Kap. 14). Ein Bewusstsein für das eigene »Ich« stellt sich dabei ein, das »subjektive Selbst« Sterns.

Mit dem Konzept der analen Phase und dem Wissen über die Bedeutung von Trotz für die Entwicklung von Eigenständigkeit ist der oben bereits verwendete Begriff der Struktur verbunden. Zu unterscheiden sind die Struktur des »Ich« und die »Persönlichkeitsstruktur«: »Ich-Struktur« bezeichnet die Fähigkeiten eines Menschen, unterschiedliche Anforderungen integrieren zu können – innere Bedürfnisse, äußere Anforderungen und Erwartungen anderer. Die damit verbundenen Fähigkeiten entwickeln sich im Laufe des Lebens. Ein hohes Niveau der Ich-Struktur geht einher mit gut ausgebildeten Ich-Funktionen (z. B. der Impulskontrolle) und »reifen« Abwehrmechanismen wie Verdrängung und Rationalisierung. Mit »Persönlichkeitsstruktur« oder »Charakterstruktur« werden aus entwicklungspsychologischer Sicht Muster von Verhaltens- und Erlebensweisen beschrieben, die sich aus der Art des Umgangs mit Beziehungen ableiten – wie oben die »anale« Charakterstruktur. Die beiden Begriffe von Struktur überlappen sich in manchen Bereichen (bei der analen Struktur ist eine geringe Ambiguitätstoleranz häufig); sie gehören aber unterschiedlichen Entwicklungsmodellen an.

### Zusammenfassung

Weglaufen können und sich einfangen lassen – der Wechsel von Erkundungsverhalten und Bindungsverhalten prägt im zweiten Lebensjahr die Interaktionen zwischen Kindern und ihren Eltern. Unter Bindung wird eine enge soziale Beziehung zu einer vertrauten Bezugsperson verstanden. Das Bindungsverhaltenssystem wird bei Verunsicherungen ausgelöst und zeigt sich dann als Aufsuchen von Körperkontakt oder gezielter Kommunikation. Bindung dient nicht der Befriedigung anderer Wünsche. Sie ist ein eigenständiges Ziel. Mit der Bindungstheorie wird beschrieben, wie Kinder sich an das Verhalten ihrer Eltern adaptieren und Bindungsmuster entwickeln. Die Konzepte des Mentalisierens und des Epistemischen Vertrauens beschreiben Aspekte des sozialen Lernens. Sie sind eng mit der Bindungstheorie verbunden.

Neben den Bindungsmustern entwickeln sich weitere seelische Strukturen. Die Trennung von innerer und äußerer Realität geht mit der Entwicklung des »Als-ob-Modus« einher. Erfahrungen im Umgehen mit Ambivalenzen, mit dem eigenen »Bestimmen-Können« oder Sich-unterwerfen-Müssen werden Bestandteil einer psychischen Struktur. Sie sind mit dem Erleben der Kontrolle über den Stuhlgang verbunden unter dem Begriff der »Analität« konzeptualisiert worden. Trotz ist ein Ausdruck der Entwicklung des Ichbewusstseins – die entstehenden Auseinandersetzungen wirken sich auf Ich-Struktur und Charakterstruktur aus.

## Literatur zur vertiefenden Lektüre

Dornes, Martin (2010). *Die Seele des Kindes. Entstehung und Entwicklung* (3. Aufl.). Frankfurt am Main: Fischer.

Fonagy, F. & Campbell, C. (2017). Böses Blut – ein Rückblick. Bindung und Psychoanalyse. *Psyche Z Psychoanal 71*, 275–305.

Müller-Pozzi, H. (2002). *Psychoanalytisches Denken: Eine Einführung* (3., erw. Aufl.). Bern u. a.: Hans Huber.

## Fragen zum weiteren Nachdenken

- Wie sind die Kategorienbildung von Strukturmerkmalen – innerhalb der Bindungstheorie oder der Persönlichkeits- oder Ich-Struktur – mit dem kontextbezogenen Wahrnehmen und Beschreiben von Konflikten zu verbinden?
  Was liegt Ihnen als Leserin oder Leser näher?
- Welche Bedeutung haben Konzepte wie das der »Analität« heute – überzeugt die Verbindung von psychischer Strukturbildung und dem Erleben somatischer Vorgänge?

# 6 Von der Dyade zur Triade: Mentalisieren entwickeln

»So wird oft die schönste Stunde
In der Liebe Seelenbunde
Durch Herbeikunft eines Dritten
Mitten durch- und abgeschnitten.«
(Wilhelm Busch; Fipps, der Affe)

## Einführung

Wenn wir auf die Entwicklung eines kleinen Kindes blicken, beschäftigen wir uns überwiegend mit der dyadischen Beziehung zwischen Mutter und Kind. Psychoanalytische Forschung in diesem Bereich teilt damit eine gesellschaftlich verbreitete implizite Auffassung: Dem Vater oder anderen Dritten wird eine Bedeutung erst in späteren Entwicklungsphasen zugeschrieben. Dieses Denkmuster ist in unserer Kultur verankert. Auch die Betonung der Mutter-Kind-Dyade in der Bindungstheorie reduziert Komplexität und bestärkt diese impliziten Erwartungen. Viele Beobachtungen stützen dagegen die Auffassung, dass schon wenige Monate alte Kinder triadische Beziehungen erleben können. Diese »frühe Triangulierung« ist eine Voraussetzung dafür, dass der Übergang von dyadischem zu triadischem Denken und zum Mentalisieren und Triangulieren als verinnerlichten Funktionen gut gelingen kann.

Der Übergang von der Dyade zur Triade ist ein einschneidendes Erlebnis, das nicht allein aus der Perspektive eines Kindes oder unter dem Aspekt ödipaler Konflikte (▸ Kap. 7) behandelt werden kann. Auch andere Personen sind betroffen. Für die Beziehung eines Paares ist die Ankunft eines ersten Kindes in der Regel eine Krise. In der äußeren Welt muss viel umgestellt werden. Anschaffungen, Umbauten und die Restrukturierung der Beziehungen zu den Ursprungsfamilien sind Indikatoren dafür, was sich in der inneren Welt der Eltern an Veränderungen abspielt.

**Lernziele**

- Kindliches Erleben in der »phallischen Phase« beschreiben können.
- »Mentalisieren« in seiner entwicklungsfördernden Funktion kennen und die mit dieser Funktion verbundenen Verluste abschätzen können.
- Dyadische und triadische Muster unterscheiden.
- Selbst- und Affektregulierung auf unterschiedlichen Stufen der Entwicklung beschreiben können – im Äquivalenzmodus, Als-ob-Modus und Funktionalisierenden Modus.
- Einschränkungen auf Zwei- oder auf Mehrpersonenbeziehungen und ihre Entwicklung kennen.

## 6.1 Die Vertreibung aus dem Paradies des dyadischen Denkens

Kinder sind von Beginn ihres Lebens an zu vielfältigen Beziehungen fähig. Schon wenige Monate alte Babys sind in der Lage, zu mehr als einer Person Beziehungen aufzunehmen, diese Personen zu unterscheiden und unterschiedliche Strategien der Steuerung von Beziehungen – also auch unterschiedliche Bindungsmuster – zu nutzen (Fivaz-Depeursinge & Corboz-Warnery, 2001). Das Erleben der Beziehung zwischen den Eltern und der eigenen Beziehungen zu beiden Eltern ermöglicht die Entwicklung der Fähigkeit zur Triangulierung. Werden reale Personen in der äußeren Welt für ein solches Denken mit mehreren Perspektiven genutzt, wird das als »Triadifizierung« bezeichnet. Wenn viele solche Erfahrungen gemacht werden, übernimmt das Kind diese Kompetenz in seine innere Welt. Es trianguliert dann mit den Repräsentanzen der Personen, die es kennt, im eigenen Kopf. Diese Erfahrungen vermitteln Beziehungskompetenzen, die das implizite Wissen über Bindungen erweitern und ergänzen (z. B. Abelin; 1971; Bürgin; 1988; Rotmann; 1978; von Klitzing; 2002 u. a.).

Auch wenn viele Kinder früh triadische Beziehungsmuster erleben und diese in Abhängigkeit von der triadischen Kompetenz ihrer Eltern einüben, entwickelt sich die Fähigkeit, sich selbst aus einer dritten Perspektive zu betrachten, erst vor dem Hintergrund gewachsener kognitiver Fähigkeiten und der Entwicklung von Autonomie. In der Bibel ist die Dramatik dieser Veränderung als die Vertreibung aus dem Paradies (der dyadischen Beziehung zu Gott) geschildert: Nach dem Essen vom Baum der Erkenntnis sahen Adam und Eva, dass sie nackt waren. Sie erlebten Scham, versuchten, ihre (nackten) Körper (die sie jetzt nicht mehr nur sind, sondern die sie »haben«) zu bedecken und versteckten sich. Das Entfremdungserleben des Übergangs von einem dyadischen Beziehungsmodus in einen triadischen mit seinen Folgen für das Selbsterleben und die Beziehungen zu anderen Menschen ist hier prägnant zusammengefasst. Und es wird deutlich gesagt, dass eine Rückkehr in das Paradies nach der Erkenntnis nicht mehr möglich ist. Eine strukturelle Veränderung hat stattgefunden – danach ist nichts mehr so, wie es vorher war.

In der kindlichen Entwicklung wird dieser Schritt durch ein aktives Üben mit dem Erschaffen von *»Übergangsobjekten«* erleichtert. Winnicott (1965) hat beschrieben, wie Kinder selbst gewählte materielle Objekte (z. B. einen Teddy) als symbolische Repräsentanz einer Bindungsperson nutzen. Sie können sich über die Verstärkung der Repräsentanz eines geliebten Objekts durch das es repräsentierende Übergangsobjekt zunächst über Trennungen hinwegtrösten. Übergangsobjekte schaffen damit gleichzeitig einen »Zwischenraum« zwischen Kind und Mutter, der als innerer, »intermediärer« Raum den Wechsel zu triadischen Beziehungen erleichtert. So kann ein Kind sein Getrenntsein von der Mutter leichter akzeptieren, wenn es seine innere Welt mit der ihren weiter teilen kann.

Wenn bisher der Verlust eines in der Vergangenheit liegenden Paradieses betont wurde, muss diese Sichtweise jetzt erweitert werden. Aus dem Wechsel auf triadische Denk- und Beziehungsmuster entstehen vielfältige Gewinne für ein Kind. Mit dem Verlust des dyadischen Fühlens und Denkens (das glücklicherweise doch regressiv – zum Beispiel in Liebesbeziehungen – vorübergehend wieder aufgesucht werden kann) ergibt sich eine stärkere Unabhängigkeit von der äußeren Umwelt. Konflikte können jetzt besser erkannt und bewältigt werden. Der »eigene Anteil« wird berücksichtigt – ein Kind kann sich aus dem Erleben einer Situation zeitweise und partiell hinaus in eine beobachtende Position begeben, in der es sich selbst und andere als autonom handelnde Subjekte sieht – »mentalisiert«. Der »fremde« Blick auf sich selbst bietet damit Chancen, die Welt neu und anders zu sehen. Soziale Emotionen entwickeln sich – Stolz und Scham, Neid- und Minderwertigkeitsgefühle, zunehmend auch Schuld. Die Sozialisation in Kulturen mit ihren gesellschaftlichen Erwartungen trägt dazu bei, wie und in welche Richtungen komplexe Steuerungsfunktionen sich entwickeln. Eine neue Stabilität kann sich entwickeln. In sogenannten »Schamkulturen« (▶ Kap. 11 zu digitalen Welten) wird die Sicht der Gruppe, der ein einzelner angehört, stärker gewichtet als in den traditionellen »Schuldkulturen« Europas, in denen die Autonomie des Individuums betont wird. Hier bleibt der Einzelne in erster Linie für seine Handlungen gegenüber den eigenen Repräsentanzen (dem »Über-Ich«) und den verinnerlichten Gruppenzugehörigkeiten (seiner »Identität«) verantwortlich. Er gewinnt damit eine stärkere Unabhängigkeit von seinen äußeren Bezugsgruppen.

Wird ein realer Dritter für das Erreichen triadischer Strukturen genutzt, spricht man von Triadifizierung; ist die innere Struktur eines Menschen so, dass triadisches Denken auch allein oder in einer Zweiersituation geschieht, von Triangulierung. Triangulierung bezeichnet also einen inneren Prozess. Sie beschreibt aus einer andere Forschungstradition das »Mentalisieren« in der Bindungstheorie. Veränderungen hin zum Mentalisieren, der Reflexion des eigenen Platzes in der Familie und den damit verbundenen ödipalen Konflikten sind aus unterschiedlichen Perspektiven beschrieben worden. In Kernbergs Entwicklungsmodell (1975, dt. 1978) kommt es auf der Ebene der Repräsentanzen zu einer Neuordnung, in der Selbst und Objekt klarer getrennt werden. »Gute« und »böse« Repräsentanzen werden dabei sowohl für das Selbst als auch für Objekte zunehmend verbunden und integriert. Dies ermöglicht eine höhere Flexibilität des interpersonellen Verhaltens. Die Wirkung des eigenen Verhaltens auf andere wird jetzt einbezogen und immer wieder spielerisch geprüft.

Gelingende Triangulierung wird dadurch sichtbar, dass in einer bestehenden Zweierbeziehung eine dritte Person mit einbezogen wird oder eine dritte Person die Beziehung von außen kommentiert (»Ihr zwei seid ja ein eingeschworenes Team«). So kann ein Kind erkennen, dass es sowohl mit der Mutter als auch mit dem Vater eine funktionierende Beziehung führen kann, gleichermaßen aber auch die Eltern zueinander eine Beziehung führen, welche anders als die mit dem Kind ist. Das Kind lernt, sich selbst von außen und andere aus ihrer Perpektive (»empathisch«, »von innen«) zu sehen. Es kann dann sich selbst in einer Beziehung zu jemand anderem wahrnehmen und sich mit dieser dritten, beobachtenden Position identifizieren. Das Mentalisieren und Triangulieren kann nun als eigene Kompetenz verinnerlicht werden und wird zur »Ich- Funktion«.

Durch die Kompetenz des Triangulierens bilden sich reichhaltige innere Bilder als »Repräsentanzen« von Beziehungen und Interaktionen, auf die zu späteren Zeitpunkten im Leben zurückgegriffen werden kann. Triangulierung fördert so die Fähigkeit, über sich nachzudenken, und verbessert Ich-Funktion wie Affektwahrnehmung und -differenzierung, Impulskontrolle, Frustrationstoleranz oder Konfliktbewältigung. Gelingende Triangulierung ist deshalb bedeutend, weil sie die Fähigkeit schafft, Beziehungen aktiv mitzugestalten und im Beisein anderer für sich selbst einzustehen.

## 6.2 Kindliches Erleben in der »phallischen Phase«

Aus triebtheoretischer Perspektive ist diese Entwicklungszeit als »phallische Phase« (auch: »infantile genitale Phase«) beschrieben. Nach Mund und Anus rücken die Geschlechtsorgane und die über sie vermittelte Erregung in den Fokus der Aufmerksamkeit des Kindes. Im dritten Lebensjahr beginnend, am deutlichsten zwischen dem vierten und fünften Lebensjahr erkunden und stimulieren Mädchen und Jungen aktiv und lustvoll ihre Genitalien mit den Händen, aber auch durch Reiben an Gegenständen oder ein Zusammenpressen der Oberschenkel. Müller-Pozzi (2002) stellt das Erleben in dieser Zeit unter den Begriff der »Sensation« – alles Neue ist erregend, »sensationell«, ein Abenteuer. Der Geschlechtsunterschied wird nicht nur erkannt, sondern auch anerkannt und in das aktive Verhalten integriert. Dabei zeigen sich bereits Unterschiede zwischen Jungen und Mädchen – z. B. in dem Gestalten des Eindringens und des Ein- oder Umschließens. Jungen graben am Strand tiefe Löcher, Mädchen wickeln ein, was sie am Ufer finden. Die frühgenitale Erregung ist, so schreibt Müller-Pozzi (S. 91), noch nicht dazu bestimmt,

> »ihr Ziel, die Befriedigung am Objekt und die Aufhebung der Triebspannung an der Quelle zu erreichen. Die Erregung wird vielmehr ›abgeführt‹, indem sie auf alles verteilt wird, was dem Kind bedeutsam ist. Nur so kann alles Neue zur Sensation werden. Die frühgenitale Erregung dient der Erotisierung des eigenen Körpers, der Welt des Kindes und … seiner Beziehung zu den Eltern« (Müller-Pozzi, 2002, S. 91).

Spielerisch eingeübt werden auch das Sehen und Gesehenwerden, ein Sich-aktiv-anderen-Zeigen. Bleibende Errungenschaften dieser Entwicklungszeit sind ein Gefühl »ungebrochener Initiative als Grundlage eines hochgespannten und doch realistischen Strebens nach Leistung und Unabhängigkeit« (Erikson; 1966, S. 87 f.). Die Kinder sind stolz auf ihr Erlerntes; der Stolz motiviert zu weiteren Anstrengungen, auch wenn Erfolge sich nicht oder nicht rasch einstellen. Das Sich-aktiv-Zeigen bezieht dabei den anderen als Objekt und als handelndes Subjekt ein. Sein antizipierter und durch das eigene Handeln mitgestalteter Blick konstituiert eine triadische Struktur. Der – offen präsentierte – Phallus, aber auch der ganze Körper kann hier als ein solches drittes Objekt dienen, dessen Bewunderung oder Beschämung aus einer beobachtenden Position reflektiert wird. Mit der Entfremdung vom eigenen Leib, der jetzt als Körper der Betrachtung zugänglich wird, verändert sich die Wahrnehmung somatischer Reaktionen. Körperliche Reaktionen werden bewusst und unbewusst für die Regulierung von Beziehungen genutzt – Bauchweh ist nicht mehr (nur) ein körperlicher Ausdruck von Angst, sondern wird in seinen Auswirkungen auf andere Menschen (z. B. als Auslöser von schützendem Verhalten) berücksichtigt. Bei Konflikten treten vermehrt körperliche Beschwerden und Symptome auf.

Rupprecht-Schampera (1997) hat aus der klinischen Erfahrung heraus ein komplexes Modell dyadischer und triadischer Entwicklungsaufgaben entworfen, das die Entstehung »hysterischer« (somatoformer und interaktioneller) Symptome erklärt und auch auf empirische Ergebnisse Bezug nimmt. Vor dem Hintergrund wiederholter Enttäuschungen in der Beziehung zur Mutter (z. B. im Bereich der Affektregulation) kommt es zu einer Hinwendung an den Vater, der als drittes, »triadifizierendes« Objekt benötigt wird, um die hoch ambivalenten Gefühle in der Beziehung zur Mutter regulieren zu helfen. Um das Interesse des Vaters zu gewinnen, greifen Mädchen hier auf ein werbendes »ödipal« anmutendes Verhalten zurück. Der Vater wird aber nicht zur Bestätigung der Geschlechtseigenschaften und zum Erproben sozialer Verhaltensweisen benötigt (wie in den späteren »ödipalen Konflikten«, ▶ Kap. 7), sondern für die innere Trennung von der Mutter und für den Aufbau innerer triadischer Strukturen. In dieser Situation besteht die Gefahr, dass sich Mädchen verfrüht in ödipale Konflikte verstricken und dass ihr »überbetont weibliches« Werben (z. B. als »Prinzessin«) als ein sexuelles oder sexualisiertes Verhalten missverstanden wird. Gelingt der Aufbau einer triadischen Struktur wegen der Abwesenheit eines Vaters oder aus anderen Gründen nicht, besteht ein erhöhtes Risiko, dass eine unvollständige

Triangulierung über den eigenen Körper erfolgt: Kinder beobachten hier, wie Mutter oder Vater mit ihrem Körper umgehen; sie erreichen damit eine beobachtende Funktion (auf den eigenen Körper), wie wir sie oben für das triadische Denken beschrieben haben. Die Einheit von »Leib und Seele« wird dabei jedoch tiefgreifend getrennt. Dies führt zu schwer lösbaren Konflikten in nahen Zweierbeziehungen. Hier sind Menschen mit dieser Beziehungsstruktur oft auf eine Triadifizierung mit Dritten angewiesen, um sich in nahen Zweierbeziehungen Stabilität zu erhalten. Die Furcht vor einem Verlust triadischer Fähigkeiten in einer dichten Zweierbeziehung mit dem Rückfall auf ein dyadisches Erleben trägt dazu bei, unbewusst immer wieder Dreieckskonstellationen herzustellen. So wird der Blick auf das eigene Erleben aus unterschiedlichen Perspektiven gesichert. Dieser Modus wird als »hysterisch« beschrieben. Er bietet ein übergreifendes äthiopathogenetisches Modell, in dem die Vielfalt »hysterischer« Symptome eingeordnet und verstanden werden kann.

Die entwicklungspsychologische Dimension wird hier meist aus der Perspektive des Mädchens beschrieben. Für die Entwicklung des Jungen ist die Situation unübersichtlicher, weil die Identifikation mit der Mutter die gerade gewonnene Autonomie »als Junge anders zu sein als die Mutter« stärker bedroht. Gelingt es Jungen nicht, den Vater als Helfer in einer hoch ambivalenten, dyadischen Beziehung zur Mutter zu erreichen, bleibt ihnen die Möglichkeit, über die Idolisierung des Phallischen eine Trennung von der Mutter zu erreichen. Das betont »machohaft« männliche Verhalten, das Präsentieren des Penis (als Unterscheidungsmerkmal von der Mutter) oder seiner Symbole (»He-Man«-Figuren) werden sozial in Kitas oft sanktioniert, die entwicklungsfördernde Situation, die Not und das Anliegen dieser Kinder wenig gesehen. So kann eine Triangulierung mit einer anderen Person zusätzlich erschwert werden.

## 6.3 Spielen auf unterschiedlichen Stufen: Entwicklungslinien verbinden sich

Mit der Entwicklung des kindlichen Spielens und der Regulation von Affekten überblicken wir jetzt zwei Entwicklungslinien, die auf den Übergang von der Dyade zur Triade hinführen:

- Das dyadisch strukturierte feinfühlige Erkunden des Gesichts des anderen (»face to face«) trägt zu einem Einüben von Affektregulation und der zunehmenden Differenzierung von Selbst und Objekt bei. Merkmale sind das »markierte Spiegeln« und das gemeinsame Teilen von Beobachtungen und Affekten im Zeigen darauf (»side by side«).
- Triadische Kompetenzen werden über ein Spielen mit der vorübergehenden Abwesenheit von Personen (Weglauf- und Fangspiele, Verstecken und Entdecktwerden) entwickelt. Die Symbolisierung nicht verfügbarer Personen und ein gemeinsames Spielen mit etwas Drittem führen hin zu Rollenspielen mit Perspektivübernahmen. Diese sind zunächst im Zusammenspiel mit anderen möglich (Triadifizierung) und werden dann zu einer im »eigenen Kopf« stattfindenden Fähigkeit im Umgehen mit den Repräsentanzen von Beziehungen (Triangulierung).

Motorische Übungsspiele werden jetzt seltener, Rollen- und Regelspiele häufiger. Kinder erkennen zunehmend Verbindungen zwischen Zeichen und Sachverhalten. Sie lernen abstrakte Begriffe wie Farben oder Zahlen. Regeln werden eingeübt und schon bald auch in unterschiedlichen »Spielfeldern« in Abhängigkeit von den Mitspielern modifiziert eingesetzt. Im symbolischen Spiel werden Wünsche und Absichten anderer früher verstanden als Überzeugungen. Die Perspektivübernahme beginnt (visuell: was ein anderer sieht) im Alter von 2 Jahren und erweitert sich hin zu einer kognitiven Perspektivübernahme, bei der – zwischen dem 3. und 5. Lebensjahr – das eigene Wissen nicht mehr automatisch anderen unterstellt wird. Gefühle werden nicht mehr nur einfühlend miterlebt, sondern auch gedanklich mit Rückgriff auf die eigenen Repräsentanzen erschlossen.

Das symbolische Spiel ermöglicht die Erkundung inneren Erlebens in Interaktionen, eine spielerische Anpassung an die äußere Realität und an die Gesellschaft bzw. deren Regeln. Es trägt zur Rollenübernahme und zur Entwicklung des Sozialverhaltens bei. Stehen Mutter und Vater beide zum Spielen zur Verfügung, unterscheiden sowohl die Eltern als auch die Kinder deutlich, wie und was gespielt wird. Die unterschiedlichen Erwartungen an unterschiedliche Personen werden von den Kindern selbstverständlich deutlich gemacht. Väter übernehmen z. B. in der Regel die motorisch herausfordernden und »wilden« Spiele. Sie haben hier eine »distinktive Funktion« (Seiffge-Krenke; 2001) in der Entwicklung der Geschlechtsrollen, vermitteln häufiger neue Fertigkeiten, trauen ihren Kindern früh mehr zu als Mütter und bieten Möglichkeiten der spielerischen Integration aggressiver und sexueller Wünsche. Für die väterliche Rolle wird eine besondere »Spielfeinfühligkeit« beschrieben. Hier lassen sich Väter auf gemeinsame spielerische Aktivitäten ein, die vom Kind initiiert werden. »Seite an Seite« mit Kindern greifen sie deren Initiativen und Fähigkeiten auf und fördern sie – z. B. beim Mitspielen im Sandkasten und dem Bau großer Burgen oder tiefer Tunnel.

## 6.4 Mentalisieren als zentrale Kompetenz

Die oben schon angesprochene Regulation des eigenen Verhaltens in Beziehungen entwickelt sich weiter. Das

- Kontingenzerleben als physischer Akteur (0–9 Monate) ist durch feinfühliges Handeln der Bezugspersonen zu einem
- zielgerichteten Handeln als sozialer Akteur geworden (etwa 9. Monat–2. Lebensjahr)
- und wandelt sich mit dem Erleben des eigenen Willens im 3. und 4. Lebensjahr zum Handeln als intentionaler Akteur.

Der Übergang zum triadischen Denken wird eingeleitet mit Erfahrungen, zunehmend sicherer zwischen eigenen und fremden Wünschen unterscheiden zu können. Ein »empathisches« Verständnis entwickelt sich. Die spontan und selbstverständlich eintretende Einfühlung in andere Menschen wird zunehmend reflektiert, mit eigenen Wünschen in Beziehung gesetzt und das eigene Verhalten vor diesem Hintergrund gesteuert. Der Übergang zum »repräsentationalen oder mentalisierenden Akteur« in triadischen Strukturen kündigt sich an. Sicherheit innerhalb dyadischer Beziehungen wird für diesen Übergang als hilfreich angesehen oder sogar als notwendig vorausgesetzt. Nach dieser Auffassung gelingt es dem Kind, vor dem Hintergrund einer sicheren Bindung zur primären Bezugsperson noch eine weitere Bindungsbeziehung, wie z. B. zum Vater, einzugehen und diesen Dritten in seine Exploration und seinen Austausch mit der Umwelt miteinzubeziehen. »Die Mutter öffnet dem Kind den Weg zum Vater«. Indem das Kind das psychische Vorhandensein des Gegenübers im dyadischen Austausch wahrnimmt, wird eine triadische Beziehung möglich. Rotmann (1981) kritisiert die Theorie Abelins (1971), nach der einer triadischen Beziehung zwischen den Eltern und dem Kind stets eine dyadische vorausgehe. Er betont, dass, die: »... triadische Beziehungsform zwischen Mutter, Vater und Kind von Anfang an die potentiell vorhandene und nur noch auszufüllende und zu belebende ist« (Rotmann, 1981, S. 161). Auch neuere Forschungsergebnisse zeigen, dass schon drei bis neun Monate alte Säuglinge fähig sind, die elterliche Beziehungen in ihren eigenen Reaktionen zu berücksichtigen. Sie können bereits mit den Eltern als einem Paar interagieren und erste triadische Funktionen zeigen.

Die Betonung einer sicheren Bindung zur Mutter als *Voraussetzung* für andere Bindungen ist daher umstritten. Zwar ist die Qualität der frühen Mutter-Kind Interaktion ein entscheidender Parameter für die weitere Entwicklung von Kindern. Andere Beziehungen haben aber ebenfalls hohen Einfluss und können moderierend wirksam werden (z. B. Massie & Szainberg, 2014). Das Fehlen solcher Möglichkeiten der Triadifizierung wird anschaulich in Familien mit chronischem Streit zwischen den Eltern oder mit einem implizit dyadischen Beziehungsmuster der Eltern. Hier kann eine Beziehung des Kindes zum jeweils anderen Elternteil als Bedrohung der eigenen Beziehung gesehen werden. Gerade für die Bewältigung von starken Affekten ist die Präsenz eines Dritten aber hilfreich: Ein Elternteil kann geliebt werden und als gutes Objekt erhalten bleiben, wenn der andere gehasst und vorübergehend abgelehnt wird. Die Anwesenheit eines vermittelnden Dritten hat an sich schon einen stabilisierenden Einfluss, weil er einen Perspektivwechsel anregt. Ein Dritter stabilisiert damit nicht nur das Kind, sondern auch die Mutter. Auch sie kann die Wut und den Hass ihres Kindes besser wahrnehmen und ertragen, wenn sie weiß, dass ihr Mann (oder ihre Mutter, ihre Freundin) sie weiterhin liebt – und dass ein vertrauter Mensch kommen und ihr das Kind vorübergehend abnehmen wird.

Wir können jetzt die Entwicklung des »Mentalisierens« aus unterschiedlichen Perspektiven beschreiben. Mentalisieren bezeichnet das funktionale Ergebnis eines Entwicklungsprozesses, der mit strukturellen Veränderungen einhergeht. Das Selbst und der andere werden dabei als intentionale Wesen aufgefasst, deren Verhalten auf Gründen im Sinne psychischer Befindlichkeiten (z. B. Wünsche, Ziele) basiert. Die Fähigkeit zu mentalisieren, also sich selbst von außen und andere Menschen – empathisch –von innen zu betrachten, hat für die Bewältigung von Konflikten eine zentrale Rolle. Sie wird daher in Psychotherapien gefördert – einige Formen von Psychotherapie konzentrieren sich ganz auf die Entwicklung und Wiederherstellung dieser Fähigkeit (Mentalisierungsbasierte Psychotherapie MBT, z. B. Allen et al., 2011; Schultz-Venrath, 2015; Taubner, 2015).

Mentalisieren wird im Rahmen der Bindungstheorie und der MBT nicht nur kognitiv verstanden, sondern als die Art und Weise wie Bindungsbeziehungen interpretiert werden. Hier liegt eine etwas andere Akzentsetzung vor, als in den pädagogischen und kognitionswissenschaftlichen Untersuchungen zum Mentalisieren.

Wie »lernen« Kinder, in dem oben beschriebenen Sinn zu mentalisieren, also über ihre Bindungsbeziehungen nachzudenken? Drei unterschiedliche Theorien zum Erwerb dieser Kompetenz spielen eine Rolle:

- Lernen aufgrund von Interaktionserfahrungen im triadischen Kontext,
- Bindungstheoretische Überlegungen und die »Theory of Mind«,
- Spiegelneurone und die Simulationstheorie.

Die drei Theorien schließen sich nicht gegenseitig aus. Das Lernen von Triangulierung im Rahmen von Interaktionserfahrungen beginnt bereits in den ersten Lebensmonaten. Fivaz Depeursinge (2001, 2006) beschreibt die frühe Kompetenz von Kindern, triangulierende Interaktionen zu gestalten und damit bereits Funktionen für Eltern zu übernehmen, die das schlecht können. Sie weist auf die Belastungen hin, die mit dieser Aufgabe für ein kleines Kind verbunden sind, und auf die hohe Bedeutung triangulierender Kompetenzen der Eltern. Eltern sollen das gleichzeitige Spielen des Kindes mit Mutter und Vater unterstützen, statt etwa um die Aufmerksamkeit des Kindes zu konkurrieren oder dyadische Allianzen zu formen, die den Dritten als störend ausschließen. Abhängig von der »triadischen Kompetenz« der Eltern entwickelt sich die Fähigkeit des Kindes weiter, unterschiedliche Positionen seiner Beziehungspersonen »im Sinn« zu haben. Mutter – oder Vater – kommentieren das Verhalten des Kindes und seiner Bezugsperson aus einer dritten Position – Mutter sagt etwa: »Ihr zwei seid ja heute fleißig«. Über viele Interaktionserfahrungen entwickeln Kinder dann die Fähigkeit, sich mit den einzelnen Perspektiven zu identifizieren, sie wechselweise einzunehmen und schließlich von konkreten Personen zu lösen – die Reflexion des eigenen Verhaltens aus unterschiedlichen Perspektiven wird möglich.

Kinder erleben sich in der Beziehung zum Vater anders als in der Beziehung zur Mutter. Sie erleben auch Mutter und Vater als »anders«, wenn diese miteinander umgehen und sie selbst in einer beobachtenden Position sind. Wechsel der Perspektiven wird so immer wieder eingeübt. Doch noch benötigt das Kind die Hilfen einer Bezugsperson, um sich für seine eigenen Selbst-Zustände sensibilisieren zu können.

Das Konzept der Triangulierung (die erste der Theorien zum Erwerb von Mentalisierungskompetenz) ist oben im Kapitel 6.1 ausführlicher beschrieben (► Kap. 6.1). Das zweite Konzept (aus Bindungstheorie und »Theory of Mind« [TOM]) wird im Folgenden zusammenfassend dargestellt. Aus bindungstheoretischen Überlegungen werden gut beobachtbare Vorstufen des »mentalisierenden Modus« beschrieben. Die Beschreibung dieser Vorstufen ist für Pädagogik und Psychotherapie vielfältig fruchtbar gemacht worden.

Bis zu einem Alter von etwa vier Jahren fassen Kinder Gedanken nicht als Darstellungen oder Perspektiven eines anderen Menschen der Realität auf – sie halten sie für Abbilder der Wirklichkeit. Im »Äquivalenzmodus« werden innere und äußere Wirklichkeit gleichgesetzt (Der Bademantel im Kinderzimmer ist ein Gespenst, der Streitpartner ist ein Monster),

- im »Als-ob-Modus« werden innere und äußere Wirklichkeit getrennt (»Mit dem, was um mich geschieht, habe ich nichts zu tun«).
- Im »funktionalisierenden« Modus wird das Erleben und Verhalten eines anderen überwiegend unter dem Gesichtspunkt der Befriedigung eigener Bedürfnisse gesehen.

Im Zeigespielen (Das Kind zeigt »Da, da!« und teilt seinen Affekt mit dem Interaktionspartner) stimmen innere und äußere Welt überein. Der oder die andere denkt wie ich – ich lasse mich von der äußeren Welt anstecken, und stecke auch sie an. Bei einem zweijährigen Kind reicht es nicht aus, das Licht anzumachen und festzustellen, dass der Schatten in der Ecke ein Bademantel ist und kein Gespenst – der Mantel muss auch fortgenommen werden. Die dichte Verbindung von äußerer und innerer Wirklichkeit bietet in dieser Phase besondere Möglichkeiten des Lernens – das subjektive Erleben ist durch Veränderungen in der Außenwelt direkt beeinflussbar. Dies bietet Möglichkeiten, die eigenen Affekte in Interaktion mit anderen zu regulieren, sich zum Beispiel trösten zu lassen. Bei einer nicht ausreichend feinfühligen Interaktion – etwa wenn ein Elternteil zu sehr mit seinen eigenen Affekten und Themen beschäftigt ist – kann eine solche Anpassung des Kindes aber auch zu einer Verzerrung seines subjektiven Erlebens führen. Die Spiegelung des Erlebens des Kindes durch eine deutlich depressive oder ängstliche Mutter verschiebt dann das Erleben des Kindes, wenn etwa auf eigene vitale Aggression regelmäßig ängstliche oder traurige Reaktionen der Mutter folgen.

Spiegeln die Eltern (und andere Beziehungspersonen) die Affekte des Kindes ausreichend feinfühlig, lernt das Kind, dass sich seine Gefühle nicht automatisch auf andere Personen ausbreiten. Diese Trennung von innerer und äußerer Realität (»Als-ob-Modus«) wird durch ein Verhalten der Eltern gefördert, die ihren Einstieg in ein Spiel mit ihrem Kind »markieren« – z. B. durch ein Übertreiben von Reaktionen, durch mimische Signale oder das Anheben der Stimme. Die Eltern signalisieren damit, dass sie vorübergehend die Position ihres Kindes übernehmen, dessen Affekt »spielend« spiegeln – nicht ihren eigenen. Sie markieren dieses Verhalten deutlich. Kinder nehmen in dieser Entwicklungsphase an, dass ihr innerer Zustand keine Beziehungen zur Außenwelt aufweist und für diese auch keine Implikationen hat. Sie sind z. B. in ihr Spiel »versunken« – der Topf, mit dem sie spielen, ist gleichzeitig Boot und Töpfchen.

Das »Markieren« des gemeinsamen und doch unterschiedlichen Erlebens von Kindern und Eltern ist oft der Einstieg in ein Spiel. Hier wird interaktiv immer wieder die Perspektive kenntlich gemacht, aus der das Kind und die Mitspieler handeln. Diese Perspektiven können als Rollen erkannt und gewechselt werden – die Faszination der Rollenspiele entfaltet sich. In jedem dieser Rollenspiele wird ein gemeinsamer Bedeutungsraum hergestellt und geteilt. Das Kind nimmt sein Töpfchen und schiebt es durch die Wohnung. Und die Mutter sagt nicht nur – »Lass den Topf da stehen!« –, sondern erinnert sich an den Ausflug mit dem Tretboot und sagt vielleicht: »Du bist ja schnell! Da bist Du sicher bald wieder am Steg!« Mit diesem Mitspielen wird ein gemeinsamer, geteilter Bedeutungsraum hergestellt. Mit dem gemeinsam geteilten Bedeutungsraum entsteht Beziehung. Dinge werden nicht nur als die Dinge, die sie sind, gesehen. Sie können Unterschiedliches bedeuten. Durch eine Integration von Äquivalenzmodus und »Als-ob«-Modus« und dem damit wachsenden Verständnis der inneren Welt und der äußeren Realität entsteht der »mentalisierende Modus«. Zunächst werden überwiegend Affekte, später Überzeugungen und kognitive Zustände mentalisiert. Ein Erkennen verschiedener Gefühle geht so dem Erkennen unterschiedlicher Sichtweisen in Hinsicht auf eine äußere Realität voraus.

Bei der Entwicklung von Mentalisierungsfähigkeit kann es zu Störungen kommen. Eine dieser Störungen führt zu einer Beziehungsform, die für Psychotherapeuten und Berater von Bedeutung ist – dem teleologischen (zielgerichteten) oder »funktionalisierenden« Modus. Dieser Modus wird unterschiedlich beschrieben. Er wird hier aufgeführt, weil er teils als regelhaft auftretende Phase der Selbstentwicklung, teils aber bereits als Ergebnis problematischer Interaktionen betrachtet wird, als eine Störung der Entwicklung von Mentalisierungsfähigkeit. Aus Sicht des rekonstruierten Kindes haben Kinder hier gelernt, ihre Eltern zu verstehen und deren Wünsche und Bedürfnisse zu erkennen. Ihnen fehlt dabei aber etwas von der Erfahrung, dass andere mit ihren eigenen Wünschen respektvoll umgehen. So entwickelt sich ein Modus, in dem die Reflexion der Position des anderen für ein Verfolgen eigener Ziele eingesetzt wird (»Ich sage Mama jetzt, dass ich sie lieb habe, weil ich dann Computer spielen darf«). Dieser funktionalisierende Modus ermöglicht es, sich Sicherheit zu verschaffen – Sicherheit aufgrund der Fähigkeit, Wünsche und Motive anderer Menschen zu erkennen. Beziehungen in diesem Modus machen es aber zugleich schwer, Vertrauen zu entwickeln. Gute Erfahrungen im späteren Leben werden wenig als Hinweis darauf gesehen, dass andere Menschen verlässlich und liebevoll sind; sie werden stärker auf die eigene Fähigkeit zurückgeführt, andere erfolgreich beeinflussen zu können. Eine »erfolgreiche« Gestaltung von Interaktionen bleibt so einseitig an eigene Kompetenzen gebunden und ist dadurch immer wieder gefährdet.

In einem dritten Modell der Entwicklung von Mentalisieren beschreiben die »Simulationisten« die Bedeutung von Binnenwahrnehmungen innerhalb einer primären Verbundenheit mit anderen. Biologische Grundlage ist die Funktion der Spiegelneurone. Über die Verbundenheit mit anderen, Selbstbeobachtung und die Projektion eigenen Erlebens auf andere »lernen« Kinder zu mentalisieren. Sie finden diese Kompetenz *in sich selbst* – indem sie mit dem Erleben anderer Menschen über Spiegelneurone verbunden sind. »Spiegelneurone« lassen Menschen (auch Affen und vermutlich andere Tiere) am Erleben anderer automatisch teilnehmen – der Affe, der sieht, wie ein anderer eine Banane schält und isst, hat ähnliche Aktivierungsmuster seines Gehirns, er erlebt das Schälen und Essen der Banane mit. In diesem Modell der Entwicklung von Mentalisieren ist die primäre Verbundenheit mit anderen entwicklungspsychologisch primär: Spiegelneurone stellen eine Verbundenheit mit anderen Menschen automatisch her – eine Abgrenzung von anderen muss dagegen differenziert entwickelt werden. »Einfühlung« geschieht automatisch, Abwehr dagegen ist Ergebnis von Sozialisationsprozessen.

Das menschliche Gehirn wird hier primär als ein »soziales Organ« gesehen, das uns mit dem Erleben anderer Menschen verknüpft. Kindern ermöglicht es, direkt etwas vom Erleben ihrer Bezugspersonen (und deren triadischen Kompetenzen) »in sich« zu erleben. Für dieses Konzept spricht die Beobachtung, dass nicht in erster Linie die Qualität der Bindung, sondern eher die Fähigkeit der Mutter, selbst gut mentalisieren und reflektieren zu können, für die Entwicklung des Mentalisierens von Bedeutung ist. Das Umfeld eines Kindes, die Personen, mit denen es verbunden ist, prägen das Erleben des Kinds. Mütter, die ihr Kind deutlich ausgeprägt als denkendes und fühlendes Wesen betrachten und die feinfühlig auf seine Reaktionen reagieren, beeinflussen die Bindungssicherheit ihres Kindes (Übersicht z. B. bei Dornes 2010, S. 171). Diese bindungsorientierten Befunde sind auch mit der Theorie der Simulationisten erklärbar.

Von Klitzing (2002) ergänzt die Beschreibung der Entwicklung von Mentalisieren. Er sieht die Bildung mentalisierender Prozesse nicht allein als Konsequenz der Erfahrung mütterlicher Sensitivität, sondern betont, dass erst der Wechsel zwischen An- und Abwesenheit, zwischen Befriedigung und Frustration zur Entfaltung innerer Objekte führe. Die aktive Speicherung von Erfahrungen im Wechsel von Ab- und Anwesenheit sichert erst Beziehungen über die Zeit. Seiffge-Krenke (2001) schildert es als eine Funktion des Vaters, die dyadische Beziehung zwischen Mutter und Kind immer wieder zu erweitern, eine harmonische Zweisamkeit spielerisch und entwicklungsfördernd zu »stören«. Diese Überlegungen sind für die Psychotherapeuten und Pädagogen von hoher Bedeutung. Die verschiedenen Entwicklungszustände oder Beziehungsmodi vor dem Erwerb von Mentalisierungskompetenz können als strukturelles Merkmal oder auch im Zug regressiver Zustände (z. B. bei starkem Ärger oder Angst) auch bei Erwachsenen auftreten (z. B. Allen, Fonagy & Bateman, 2008, dt. 2011). Sie zu erkennen und sich dann konzeptuell darauf einzustellen, ist für therapeutische Methoden (z. B. die mentalisierungsbasierte Psychotherapie MBT oder die psychoanalytisch-interaktionelle Methode PIM) handlungsleitend. Viele pädagogische Konzepte (wie etwa das »Denkzeit«-Projekt [Körner & Friedmann, 2005]) oder das Sustained Shared Thinking (Hildebrandt et al., 2016) nutzen ebenfalls diese Konzepte.

Einen anderen Zugang zur Entwicklung symbolischen Denkens bietet die Theorie J. Lacans. Sie stellt das rekonstruierte Kind in den Vordergrund und geht von der Entwicklung der Sprache aus. Lacans Konzepte und die mit ihnen verbundenen therapeutischen Vorgehensweisen werden zunehmend international diskutiert. Die mit ihnen verbundenen entwicklungspsychologischen Vorstellungen zur Entwicklung des Denkens geben eine weitere Perspektive auf die Bedeutung des »Dritten«. Sie werden daher hier im Zusammenhang mit den Theorien des Mentalisierens dargestellt.

## 6.5 Exkurs: Zu Lacans Auffassung von Entwicklung (B. Federlein und M. Klemann)

### Erwartungen, Anspruch und Begehren

Da aus Lacans Perspektive *symbolische* Prozesse für die Subjektwerdung vorrangig sind, steht die Dynamik des Spracherwerbs und des Sprechens im Zentrum seiner Überlegungen. Biologische und psychologische Eigengesetzmäßigkeiten werden als sekundär gewichtet. Das, was ein Subjekt ausmacht, ergibt sich ihm weniger aus den genetischen Anlagen. Da die körperlichen Grundbedürfnisse des kindlichen Organismus nach seiner Geburt durch den mütterlichen Anderen sichergestellt werden müssen, entwickelt sich mit dieser Fürsorgebeziehung gleichzeitig eine Beziehung zum anderen, die die Beziehung zur Welt des Symbolischen, des diskursiven Austausches hervorbringt. Im Sprechenlernen vollziehen sich zwei Vorgänge: Zum einen lernt das Kind seine »Mutter«-Sprache, zum anderen lenken und beschränken Grammatik und Wortschatz sein Denken und seine Ausdrucksmöglichkeiten. Aneignungsprozess und Ankommen in der Welt sind die beiden Seiten des Subjektivierungsprozesses. Inwieweit der aus einem Bedürfnis geborene Schrei des Säuglings als Appell gehört wird und sich im Ohr des Hörers in einen bestimmten Anspruch wandelt, determiniert letztlich die das Subjekt konstituierenden Erfahrungen.

### Mangel und Begehren

Aus diesem Grunde wird später jedes menschliche Subjekt in höchstem Maße individuell geprägt sein, weil die Kombination von Phantasien und Objekten, die es formt, variabel und unendlich kombinierbar ist. Freud bezieht sich genau auf diesen Vorgang, wenn er den Charakter des Ich als das Ergebnis seiner »aufgegebenen Objektbeziehungen« bezeichnet und den Mechanismus der Identifizierung, der sich auf der Basis von Liebesbeziehungen vollzieht, ins Zentrum der Subjektwerdung stellt.

Lacan folgt darin Freud, hebt jedoch die Bedeutung des Mangels noch einmal besonders hervor. Mit anderen Worten: Es sind, so gesehen, primär die physiologische Abhängigkeit des Neugeborenen und sein Erleben innerer Zustände von Bedürfnis und Bedürfnislosigkeit, die seine mentalen Strukturen herausbilden und prägen. Diese inneren Zustände legen damit die Basis des Symbolischen, das charakterisiert ist von den Qualitäten des »Sein« und »Nichtsein« bzw. von »anwesend« und »abwesend«. Nur die symbolische Ordnung, getragen von der Sprache, kennt die Verneinung und somit das Fehlen von etwas, weil sich daran eine spezifische Erwartung, Lacan spricht hier von Begehren, knüpft. Das Begehren tritt nur auf der Ebene des Symbolischen in Erscheinung, also erst, wenn ein ursprünglich physiologisches Bedürfnis durch das Nadelöhr der Sprache gegangen ist. In der Regel stellt sich dies im Rhythmus der Versorgungsbeziehung zwischen dem abhängigen Säugling und der mütterlichen Anderen her, die mit ihrem kommentierenden Sprechen den Diskurs mit dem Kind eröffnet. Damit erteilt Lacan der Vorstellung von einer substantiellen inneren Realität des Subjekts, die nur darauf warte, gefunden zu werden, oder der Annahme von einer sogenannten »Tiefenstruktur«, die nur darauf warte, freigelegt zu werden, eine klare Abfuhr.

## Psychosexuelle Entwicklung versus strukturale Theorie

Insofern ist es nur konsequent, wenn Lacan auch die klassische psychoanalytische Entwicklungslehre der Psychosexualität in die Nähe biologistischer Modelle rückt, in deren Zentrum die Mythologie der Instinktreifung steht. Denn indem die Theorie der psychosexuellen Entwicklung einen phasenspezifischen Ablauf behauptet, suggeriert sie einen naturhaft bedingten Prozess.

In seiner Relektüre Freud'scher Texte zum Ödipuskomplex arbeitet Lacan auf der Basis der strukturalen Sichtweise heraus, von welcher entscheidenden Bedeutung die interpsychische Dimension der Psychosexualität für die Ausbildung des Subjekts ist. Er zeigt auf, dass weniger die klassische Dreieckssituation und die darin verwickelten Akteure und ihre libidinösen Ansprüche wichtig sind. Bedeutsamer ist für ihn die Struktur des ödipalen Dreiecks. Die ursprünglich dyadische Beziehung des Subjekts zum anderen erfährt durch das Eintreten des Dritten eine Öffnung, so dass die auch als symbiotisch beschriebene Beziehungssituation dadurch erst buchstäblich »gemeinschaftsfähig« wird. Die damit eingeleitete Separation bestimmt letztlich den Status von Individuation und die Art der Beziehungsgestaltung des Subjekts zum anderen.

## Die symbolische Kastration

Lacan präzisiert diesen Begriff, indem er von »symbolischer« Kastration spricht. Mit »symbolisch« meint er in diesem Kontext jedoch nicht die Androhung realer körperlicher Verstümmelung, sondern den durch das Eintreten in die Sprache, in die symbolisch gestaltete Welt, verbundenen Verlust des unmittelbaren Welterlebens. Denn über die Welt oder über sich zu sprechen beinhaltet immer auch einen Vorgang der Distanzierung, des Verlustes. Keine noch so detaillierte Beschreibung der Welt oder des anderen ist in der Lage, alles zu erfassen. Es wird immer ein Rest bleiben, dem man sich im Sprechen, d. h. symbolisch gleichsam nur asymptotisch annähern kann, ohne ihn jemals wirklich zu erreichen. Vergleichbar ist dieser Verlust mit dem Verlust des Freud'schen primär-narzisstischen Zustands, in dem Ich und Welt noch zusammenfielen. Es ist dies auch die Geburt des bereits erwähnten Begehrens.

Eine finale Reife in Gestalt genitaler Beziehungsrelationen würde Lacan zufolge eine Illusion von der Ganzheit des Subjekts implizieren, statt die unaufhebbare symbolische Kastration zu thematisieren. Für Lacan ist das »Subjekt« kein Selbst, kein Ich, kein Wesen, keine Hülle, kein Inhalt, noch weniger die Person oder die Persönlichkeit, sondern eher ein Momentum.

## Das Konzept der Alterität und das Unbewusste

Der fundamentale Unterschied zu anderen Entwicklungstheorien liegt also darin, dass Lacan das Subjekt aus der Alterität konzeptualisiert und nicht identitätstheoretisch. Im Gegensatz zu einer selbst bestimmten Identität, bei der sich ein Subjekt aus sich heraus per Setzung selbst definiert – z. B. im Descart'schen »Cogito ergo sum« –, meint Alterität eine »konstitutive Andersheit«. Diese konstitutive Andersheit ist dem Subjekt vorgängig und besagt, dass die symbolische Welt vor ihm, bevor das Subjekt sich seiner selbst bewusst wird, existiert und es konstituiert. Das hebt Lacan hervor, wenn er sagt, das symbolisch verfasste Subjekt sei in erster Linie das Produkt einer diskursiven Erfahrung mit (einem) Anderen, bspw. zuerst repräsentiert durch den mütterlichen Anderen als Vertreter einer symbolischen Ordnung und damit von Sprache und Sprechen. Oder noch kürzer gesagt: Das Du geht dem Ich voraus. Alterität kann verschiedene Konstellationen umfassen und kann als reine Funktion verstanden werden. Ihre Aufgabe wäre darin zu sehen, die Möglichkeiten einer quantitativ eingeschränkten dyadischen Struktur hin zu einer triadischen, sprich pluralen, zu öffnen. Sie ist die Voraussetzung für strukturelle Veränderungen im Hinblick auf die Qualitäten der involvierten Beziehungsvarianten insgesamt. Da Alterität ein Merkmal des symbolischen Anderen ist, beinhaltet sie das sekundäre Unbewusste, wie es sich aus der Unterwerfung unter die Sprache und damit unter die soziale Ordnung der Symbole, der Gesetze, die gesellschaftlichen Mythen und Konventionen herausbildet.

Da das Konzept der Alterität den Anderen außerhalb des Subjekts platziert, ihn also gegenüberstellt, begründet sich darin eine grundsätzliche Fremdheit und damit einhergehend Aggressivität. Subjekt und Anderer bleiben sich letztlich stets fremd, was wiederum den Diskurs notwendig macht, um die in jeder Begegnung liegenden Missverständnisse einzuholen und erträglich zu gestalten. Folgerichtig definiert sich auch das Unbewusste nicht als ein Ort, der im Selbst der Person liegt, so wie es die traditionelle Lesart der Freud'schen Theorie suggeriert, sondern als Eigenschaft des sozialen Diskurses. Lacans »Subjekt des Unbewussten« ist insofern ein diskursiver Effekt: »Das Unbewusste ist der Diskurs des Anderen« lautet daher eine zentrale Aussage. Diese These berücksichtigt den Umstand, dass die Bildungen des Unbewussten wie bspw. Fehlleistungen nicht vom Subjekt selbst, sondern meist vom Anderen im Rahmen dessen Begehrens bemerkt und in einer entsprechend subjektiven Interpretation dem Subjekt zu Gehör gebracht werden.

## Das Spiegelstadium

In der Zeit zwischen dem 6. bis 18. Monat entdecken Kinder ihr Spiegelbild, das sie mit einer »jubilatorischen Reaktion« – begrüßen. Das Spiegelstadium markiert einen Wendepunkt in der mentalen Verfassung des Kindes – es erfasst sich in seinem Spiegelbild plötzlich als ganzen Körper. Lacan bezeichnet dies als »imaginär«, um die präsymbolische rein bildhafte Erlebens- und Wahrnehmungsweise zu kennzeichnen. Es scheint, als würde das Kind im Bildlichen, also Imaginären eine Form finden, in der sich sein bis dato fragmentarisches Selbsterleben vereinheitlicht und integriert. Allerdings erscheint ihm dieses – auch dies ist wortwörtlich zu nehmen – als etwas, das ihm äußerlich ist. Zumindest sieht sich das Kind im Spiegel, sich selbst gegenübergestellt. Lacan formuliert das so: »Da wo es sich sieht, ist es nicht!«

Die traditionelle psychoanalytische Narzissmustheorie sieht vor allem die libidinöse Seite dieses Momentes, in dem die Libido ihr Objekt in sich selbst findet. Statt des triebhaften Aspektes fokussiert Lacan mehr auf die Konsequenzen, die diese Erfahrungen für den Subjektivierungsprozess haben. So suche das Subjekt in der Liebe zum anderen immer wieder nur sich selbst; sei es, dass der andere seinen Mangel aufheben, sei es, dass der andere ihm sein Spiegelbild sein soll.

### Imaginäre und symbolische Identifikation

Zur abschließenden symbolischen Konstituierung des Subjekts und damit des Anderen als wirklich Anderer, wird der Andere als symbolischer benötigt. In der Regel handelt es sich dabei zunächst um einen Elternteil, der nunmehr das Spiegelbild des Kindes signifiziert, indem es ebenfalls darauf hinzeigend sagt: »Ja, das bist Du!« bzw. den Namen des Kindes ausspricht. Die damit ins Spiel kommende symbolische Dimension erweist sich in der Bedeutung, die dem erwachsenen Anderen zukommt. Er repräsentiert nämlich die Funktion der Anerkennung des Subjekts. Hier liegt der wesentliche Grund dafür, warum das imaginäre Subjekt, von Freud *Ich* genannt (allerdings in einem umfassenderen Sinne, als es gewöhnlich in der Ich-Psychologie gemeint ist), im Allgemeinen mit der Person gleichgesetzt wird. Um diesen Irrtum zu vermeiden, unterscheidet Lacan zwischen dem »Subjekt des Bewussten« (Freuds *Ich*) und dem »Subjekt des Unbewussten« (Freuds *Es*). Für Lacan ist das Subjekt des Bewussten, also das *Ich*, nur ein Produkt der Erwartungen und Zuschreibungen des oder der Anderen, mithin nur Ergebnis einer Entfremdung. In dieser täuscht sich das Subjekt über sich selbst, indem es das Sichtbare für das Ganze nimmt. Nicht von ungefähr determiniert diese imaginäre, wie wir gesehen haben auch narzisstische Grundkonstellation die meisten zwischenmenschlichen Beziehungen besonders dann, wenn es sich um Liebesbeziehungen handelt.

In der Identifikation mit seinem Spiegelbild konstruiert das Kind sein Ideal-Ich in Gestalt seines Körperbildes als Ganzes. Es legt damit die Grundlage für eine Imitation mit dem erwachsenen Anderen, dem es antizipativ eine Ganzheit unterstellt, die im Kontrast zu seinen realen, noch sensomotorischen Koordinationsmängeln steht. Darin liegt die eigentliche Attraktion. Das Spiegelbild bleibt, wie oben ausgeführt, somit dem Subjekt zeitlebens als dyadische Struktur eingeschrieben, während der Ödipuskomplex das triadische Gegengewicht darstellt.

## 6.6 Einschränkungen auf Zwei- oder auf Mehrpersonenbeziehungen

Das entwicklungspsychologische Ziel, sich sowohl in Mehrpersonenbeziehungen und Gruppen als auch in intimen dyadischen Situationen wohl zu fühlen und kompetent vertreten zu können, ist ein normatives Ideal. Es wird von gesellschaftlichen Vorgaben bestimmt und in unterschiedlichen Gesellschaften durchaus unterschiedlich bewertet. Manche Menschen fühlen sich in Mehrpersonenbeziehungen unwohl und meiden diese; anderen ist eine dichte dyadische Verbindung unvertraut und unheimlich. Vor allem die Fixierung auf dyadische Beziehungsmuster ist als strukturelle Einschränkung klinisch von Bedeutung (König, 1995). Aber auch die Fixierung auf Mehrpersonenbeziehungen mit Schwierigkeiten in intimen Beziehungen wird beschrieben, z. B. bei Kindern, die von früh an in Gruppen Gleichaltriger und ohne feste Betreuungsperson aufgewachsen sind (siehe z. B. die Diskussion zu den Auswirkungen des Aufwachsens im Kibbuz).

Manche gesellschaftlichen Entwicklungen (z. B. die Häufigkeit alleinerziehender Eltern, die Bedeutung digitaler Welten, ► Kap. 11) fördern dyadische Muster. Eine dritte Person zur Triangulierung ist häufig nicht selbstverständlich verfügbar. Es ist möglich, auch zu zweit zu triangulieren – indem einer dritten Person im Gespräch sowohl für den Elternteil als auch auf das Kind Einfluss eingeräumt wird. Bei einer sicheren triangulären Funktion eines Elternteils kann so das Fehlen eines Dritten partiell ausgeglichen werden (► Kap. 8).

Eine dauerhafte Störung der Triangulierungsfähigkeit kann als Ergebnis komplexer Entwicklungsstörungen in den ersten Jahren der Kindheit verstanden werden (z. B. Rupprecht-Schampera, 1997). Epidemiologische Untersuchungen zeigen, dass die Entwicklung der Fähigkeit zu triangulierendem Denken gefördert wird, wenn Mutter und Vater in einer Familie präsent sind (Franz et al., 2000; Franz, 2010). Idealerweise sollten beide Eltern eine aktiv gelebte Beziehung zu ihrem Kind und auch zueinander haben. Der Vater kann dann vor den Augen des Kindes mit der Mutter interagieren, das Kind sich mit den unterschiedlichen Positionen in einer Triade erkundend identifizieren. So gelingt die selbstverständliche und wohlwollende Kommentierung von dyadischen Interaktionen mit einer wechselseitigen Verbundenheit in einem Dreieck. Rivalität und Konkurrenz werden in einem sicheren Rahmen erlebt und erprobt – für die kommenden »ödipalen« Konflikte sind das wichtige Voraussetzungen. Gefahren für die Ausbildung eines triadischen Verhältnisses können darin liegen, dass Eltern überwiegend unabhängig voneinander mit dem Kind umgehen, ihr Kind also die Beziehung seiner Eltern wenig erleben kann. Beruflich sehr beschäftigte Eltern teilen sich etwa die Zeit mit ihren Kindern auf oder gehen, wenn das Kind mit dem Partner »beschäftigt« ist, an ihren Schreibtisch. Manche Väter halten sich von der »Einheit«, die Mutter und Kind zunächst bilden, fern, aus äußeren Gründen (z. B. beruflicher Anspannung) oder inneren Motiven (z. B., weil sie sich in Mehrpersonenbeziehungen nicht wohl fühlen). Fällt es einer Mutter schwer, sich mit mehreren Personen wohl zu fühlen, kann sie den Kontakt mit dem Kind so intensiv und ausschließend gestalten, dass andere Menschen und auch der Vater nicht leicht einen Zugang zu ihrem Kind finden. Fehlen Erfahrungen mit der »frühen Triangulierung« (Abelin, 1971; Rotmann, 1978) wird die Bewältigung der oben geschilderten späteren Konflikte um das sich »Zeigen« und Bewundertwerden in Mehrpersonenbeziehungen erschwert.

## 6.7 Die distinktive Funktion des Vaters

Seiffge-Krenke (2001) beschreibt Entwicklungen der Vaterforschung hin zu einem Modell, das väterliches Verhalten nicht anhand der Kriterien »für Mütter« bewertet und einordnet, sondern Vätern eine eigene, »distinktive« Funktion für die Entwicklung von Kindern zuschreibt. Eltern teilen sich Aufgaben und Rollen in den Beziehungen zu ihren Kindern auf. Ist ein Partner nicht vorhanden, können auch Mütter diese »väterliche« Funktion für ihre Kinder übernehmen, so wie auch Väter »mütterlich« sein können. Dieses unbewusste Sich-Einstellen auf Rollenerwartungen in der Familie kann zu besonderen Konflikten führen, wenn (Halb-)Geschwister in einer Familie unterschiedlich behandelt werden – etwa in Patchworkfamilien (siehe Band 2 dieses Buches). Beschrieben wird, dass sich Mütter in der Regel besser an ihr Kind anpassen – Kinder erleben, dass sich die Umgebung an sie anpasst. Väter nehmen ihre Kinder dagegen eher zu eigenen Aktivitäten mit. Sie verlangen dabei mehr Anpassung und bieten stärker neue und interessante Anregungen.

Triangulierung geschieht in Abhängigkeit von der Kompetenz der Mutter, ihr Kind nicht allein als ihr eigenes zu betrachten. Sie kann einem präsenten Vater Platz einräumen – und damit auch seine »andere« Umgehensweise mit ihrem Kind akzeptieren und schätzen. Das Erleben einer liebevollen Partnerschaft der Eltern scheint eine eigene entwicklungsfördernde Funktion zu haben (▸ Kap. 8 zur Entwicklung weiblichen und männlichen Erlebens). Entwickelt sich dagegen z. B. männliches Erleben überwiegend aus der Differenz zur Mutter – und nicht auch aus der Identifizierung mit einem präsenten Mann – bleiben Jungen stärker auf eine Hinwendung zu idealisierten Figuren und stereotypen Männlichkeitsbildern angewiesen.

**Zusammenfassung**

Der Übergang von einem »dyadischen« Erleben in Beziehungen zu einer reflektierten »triadischen« Position kann als eine »Vertreibung aus dem Paradies« beschrieben werden. Zugleich geht sie mit einem enormen Zuwachs an Fähigkeiten einher. Die Entwicklung geht von frühen triadischen Kompetenzen von Säuglingen über die Erfahrungen einer »frühen Triangulierung« hin zur Entwicklung psychischer Strukturen und der Fähigkeit zum Mentalisieren. Eine Distanz zum dyadischen »Sein« und Möglichkeiten unterschiedlicher flexiblerer Identifizierungen werden in familiären Interaktionen und in Rollenspielen erprobt. Das Sich-Zeigen und das spielerische Erkunden der Reaktionen anderer wird historisch als »phallische Phase« beschrieben. Der Wunsch nach Bewunderung und Anerkennung und die Suche nach dem Erleben von »Sensation« verbindet dyadisches Erleben mit einer einsetzenden Reflexion.

Mit gestiegenen kognitiven Fähigkeiten der Perspektivübernahme steigen auch Kompetenzen in der Regulation des Selbst und der Beziehungen zu anderen. Kinder lernen zu mentalisieren, sich selbst in Beziehungen »von außen« und andere Menschen aus einer Perspektive »von innen« her zu sehen. Die Entwicklung dieser Kompetenz wird auf unterschiedliche Weise konzeptualisiert. Über vielfältige Interaktionserfahrungen entwickeln Kinder die Fähigkeit, sich mit unterschiedlichen Perspektiven zu identifizieren, sie wechselweise einzunehmen und sich schließlich von konkreten Personen zu lösen – die Reflexion des eigenen Verhaltens aus unterschiedlichen Perspektiven wird möglich. Lacan beschreibt die Verarbeitung von Mangel und Begehren als konstitutiv für die Entwicklung von Subjektivität. Die Bezogenheit auf den anderen wird mit dem Konzept der Alterität beschrieben. Sie entsteht über Identifizierungen und Symbolbildungen und ist nicht aus einem kulturellen Zusammenhang zu lösen. Das Subjekt entsteht dann aus der Bezogenheit auf andere.

Der Wechsel von dyadischen zu triadischen Mustern ist nur teilweise reversibel. Er kann als eine Entfremdung beschrieben werden. Dyadische Erlebensweisen bleiben aber reaktivierbar. Störungen dieser Entwicklung sind mit Einschränkungen in der Bewältigung von Konflikten und Schwierigkeiten in Mehrpersonenbeziehungen oder in intimen dyadischen Beziehungen verbunden. Gefördert werden triadische Strukturen durch das Erleben einer liebenden Beziehung von Vater und Mutter. Innerhalb einer solchen Beziehung wird für Väter eine spezifisch entwicklungsfördernde, »distinktive« Rolle beschrieben.

## Literatur zur vertiefenden Lektüre


Allen, J. G., Fonagy, P. & Bateman, W. (2011). *Mentalisieren in der psychotherapeutischen Praxis.* Stuttgart: Klett-Cotta.

Lang, H (2011). *Die strukturale Triade und die Entstehung früher Störungen.* Stuttgart: Klett-Cotta.

Maier, C (2007). *Die Entdeckung des Begehrens. Von der Kunst, unsere Triebe und Neurosen gelassen zu betrachten.* München: Goldmann.

Rupprecht-Schampera, U. (1997). Das Konzept der »frühen Triangulierung« als Schlüssel zu einem einheitlichen Modell der Hysterie. *Psyche Z Psychoanal 51*, 637–664.

Schultz-Venrath, U. (2013). *Lehrbuch Mentalisieren. Psychotherapien wirksam gestalten.* Stuttgart: Klett-Cotta.

Seiffge-Krenke, I. (2001). Neuere Ergebnisse der Vaterforschung. Sind Väter notwendig, überflüssig oder sogar schädlich für die Entwicklung ihrer Kinder? *Psychotherapeut 46*, 391–397.

Taubner, S. (2015). *Konzept Mentalisieren. Eine Einführung in Forschung und Praxis.* Bibliothek der Psychoanalyse. Gießen: Psychosozial-Verlag.

Widmer, P (1997). *Subversion des Begehrens. Eine Einführung in Jaques Lacans Werk.* Wien: Turia+Kant.

## Fragen zum weiteren Nachdenken

- Sind die unterschiedlichen Perspektiven auf die Entwicklungszeit zwischen dem 3 und 5. Lebensjahr (z. B. phallische Phase und Suche nach Sensation und Bestätigung, Triangulierung und Triadifizierung, Mentalisieren und seine Vorstufen, Mangel und Begehren) eines Kindes zu verbinden?
- Während Melanie Klein bei Kindern vor dem 5. Lebensjahr die Entwicklung einer Übertragungsneurose beschreibt, die »der beim Erwachsenen analog« durch Deutungen auflösbar ist, hat Anna Freud für kleinere Kinder Modifizierungen vorgeschlagen, weil die ichstrukturellen Voraussetzungen für das klassische Arbeiten bei Kindern noch nicht vorliegen. Wie lassen sich die unterschiedlichen Positionen vor dem Hintergrund entwicklungspsychologischer Modelle vertreten?

# 7 Seinen Platz finden: Ödipale Konflikte

»Jedem menschlichen Neuankömmling ist die Aufgabe gestellt, den Ödipuskomplex zu bewältigen.« (Freud, 1905, S. 127)

## Einführung

Der »Ödipuskomplex« ist ein in das Allgemeinwissen eingegangenes entwicklungspsychologisches Konzept, das auf einen von Sophokles erzählten Mythos Bezug nimmt: die Geschichte des König Ödipus. Wie jede gute Geschichte bietet der Mythos Raum für zahlreiche unterschiedliche und sich widersprechende Interpretationen. Nur ein Teil davon kann in diesem Kapitel angesprochen werden.

Das Konzept ödipaler Konflikte wird häufig auf die kindliche Liebe zum gegengeschlechtlichen Elternteil reduziert; wir werden sehen, dass es vielfältige Aspekte und unterschiedliche Ebenen von Entwicklung in ein komplexes Modell integriert. Als Aufgabe kann in diesem Modell das Finden eines eigenen Platzes in Familie und Gesellschaft beschrieben werden. Ein Bewältigen der ödipalen Konflikte hinterlässt dauerhafte Spuren – die »Ich-Struktur« verändert sich. Frühere Erfahrungen bleiben jedoch erhalten und können regressiv wieder handlungswirksam werden. In Verbindung mit dem Konzept der Regression entstehen dadurch klinisch bedeutsame Modelle, in denen Trieb, Objekt, Struktur und Selbsterleben miteinander verbunden sind.

### Lernziele

- Ödipale Konflikte von ihren verschiedenen Seiten kennen – den »positiven« und »negativen« Ödipuskomplex.
- Aktive und passive Wünsche an gleich- und gegengeschlechtliche Elternteile in ihrer Bedeutung für die Entwicklung kennen lernen.
- Strukturelle Veränderungen beschreiben können, die mit dem Bewältigen des ödipalen Konfliktes verbunden sind.
- Das Konzept der Regression kennen.
- Verbindungen zur Entwicklung von Angst und der Verarbeitung traumatischer Erfahrungen kennen.

## 7.1 Der Ödipusmythos – eine vielseitige Geschichte

Der Ödipusmythos enthält zentrale Themen der historischen griechischen und heutigen modernen westlichen Kultur in einer verdichteten Form. Freud hat ihn als eine Entwicklungsgeschichte gelesen und generalisiert. Aspekte dieser Geschichte sind hier mit Bezügen zu entwicklungspsychologischen Themen kurz zusammengefasst.

Das Königspaar Iokaste und Laios bekommt keine Kinder und befragt aus diesem Grund ein Orakel. Ihnen wird prophezeit, dass sie einen Sohn bekämen, der den Vater töten und die Mutter heiraten würde (*Kinderlosigkeit aufgrund des Einflusses unbewusster Vorstellungen*). Als Iokaste dann einen Sohn bekommt, beschließen die Eltern, diesen zu töten (*Einfluss von Vorstellungen der Eltern auf die Entwicklung des Kindes, Konzept der Macht der Eltern über ihre Kinder bis hin zur Möglichkeit, sie zu töten [Filozidie, siehe unten]*). Sie übergeben ihren Sohn einem Hirten, der ihn mit durchstochenen Füßen aussetzen soll, so dass er von Wölfen gefressen wird (*Traumatisierung eines Kindes*). Der Hirte hat Mitleid mit dem Jungen und übergibt ihn einem anderen Hirten, der ihn in ein benachbartes Land bringt. Dort wächst der Junge, nun Ödipus genannt, behütet auf

(*Bedeutung guter Fremdbetreuung für die Entwicklung*). In der Adoleszenz hört Ödipus, er sei nicht wirklich der Sohn seiner Eltern und befragt daraufhin das Orakel. Er bekommt keine Antwort auf seine Frage, hört aber die Weissagung, dass er seinen Vater töten und seine Mutter heiraten werde. Um seine Eltern zu schützen, kehrt er nicht nach Korinth zurück (*Versuch der Vermeidung der Wiederholungen eines Traumas – seiner versuchten Tötung durch die leiblichen Eltern*). Auf seinem Weg tötet er einen Mann, der ihn in aus einem Streitwagen herab grob anfährt. Dieser Mann ist Laios. Ödipus hat seinen Vater getötet (*tragische Wiederkehr dessen, was vermieden werden sollte*). Vor der Stadt Theben trifft Ödipus auf eine Sphinx, ein Ungeheuer, das die Stadt terrorisiert. Sie stellt Reisenden Rätsel – wer diese nicht lösen kann, wird von ihr verschlungen. Ödipus stellt sich dem Wagnis und löst ihr – den Lebenszyklus abbildendes – Rätsel mit der Antwort »Das ist der Mensch!«. Er befreit so die Stadt, heiratet die frisch verwitwete Königin Iokaste und wird König (*tragische Wiederkehr dessen, was vermieden werden soll; zugleich Finden des ihm über seine Geburt zustehenden Platzes*). Nach einiger Zeit tritt eine Seuche auf. Ein Seher verkündet Ödipus, dass der Schuldige für diese Seuche ein Mann sei, der seinen eigenen Vater getötet und seine Mutter geheiratet habe. Ödipus sucht verzweifelt nach diesem Mann. Als Iokaste herausfindet, dass Ödipus ihr Sohn ist, tötet sie sich. Ödipus entdeckt, dass er selbst der Mann ist, den er sucht (*Finden der Wahrheit in der Selbsterkenntnis; Veränderung der Lösung des Rätsels der Sphinx vom »Das ist der Mensch« zum selbstreflexiven »Das bin ich«*). Er nimmt die Schuld auf sich, blendet sich selbst und wandert mit seiner Tochter Antigone fort (*hier existieren unterschiedliche Enden; die Geschichte setzt sich transgenerational fort*).

Die Tragik dieser hier verkürzt dargestellten Geschichte liegt darin, dass etwas, das auf keinen Fall gewollt ist und vermieden werden soll, genau durch das vermeidende Handeln »unbewusst« herbeigeführt wird. Konflikte zwischen Familiarität und den Wünschen nach Neuem, die Wiederholung von Traumata mit vertauschten Rollen, Kämpfen zwischen matriarchaler und patriarchaler Herrschaft und die Frage nach der Verantwortung für das eigene Handeln lassen sich an dieser Geschichte darstellen. Entscheidendes Thema aus der Perspektive dieses entwicklungsorientierten Buches ist die Übernahme der Verantwortung durch Ödipus. Er entscheidet sich dafür, zum eigenständigen aktiven

Handeln befähigt zu sein. Damit trägt er Verantwortung für sein Handeln – er sieht sich nicht als Opfer (der »mutwillig« durch das Orakel mit ihm »spielenden Götter«) *nicht bewusster Motive*. Es gibt die Hypothese, dass der politische und wirtschaftliche Erfolg westlicher Kulturen mit der Übernahme des Glaubens zusammenhängt, für die eigenen Taten verantwortlich zu sein – und damit die Zukunft selbst gestalten zu können. Eine solche Haltung ist keineswegs selbstverständlich (in der Regel denken wir, dass »andere« schuld sind). Aus psychoanalytischer Perspektive kann sie als eine Entscheidung gesehen werden, Verantwortung für das eigene Handeln zu akzeptieren, obgleich »das Ich nicht Herr in seinem eigenen Haus [ist, H. S.]« (Freud, 1917. S. 11).

## 7.2 Trauma, Schuld, Verantwortung

Es ist vor dem Hintergrund der Betonung eigener Aktivität kein Zufall, dass in dem klassischen Lehrbuch der Psychoanalytischen Entwicklungspsychologie von Tyson und Tyson (2012) der Begriff »Trauma« im Index nicht vorkommt. Dies steht im Gegensatz zu einem umfangreichen und vielstimmigen Diskurs zu Verbindungen von Psychoanalyse und Traumatheorien (z. B. bei Bohleber, 2012; Hirsch, 2017). Eine mögliche Ursache für diese Diskrepanz kann in der Entstehung der Psychoanalyse aus der Abwendung von Freuds erster Theorie der Genese psychischer Störungen entstehen, die sexualisierte Gewalt als Ursache der Symptomentwicklung ansah (sogenannte »Verführungstheorie«, auch »Traumatheorie«). Die Entstehung psychischer Symptome als Folge traumatischer, die psychischen Verarbeitungsmöglichkeiten überschreitenden Erfahrungen ist ein wichtiges Thema psychoanalytischer Arbeiten geblieben. Die Entwicklung der Psychoanalyse wird aber auch mit der Abwendung von dieser ersten Theorie verbunden:

- Nicht alle Patienten mit neurotischen Erkrankungen hatten sexualisierte Gewalt erfahren,

- die Verarbeitung und nachträgliche Bewertung von Erfahrungen (auch von traumatischen) und die damit verbundenen Wünsche, Ängste und Phantasien rückten in den Vordergrund des Interesses.

Traumatisierend wirkt aus psychoanalytischer Perspektive nicht das Ereignis an sich, sondern eine durch das Erleben ausgelöste Reizüberflutung. Ein Ereignis kann aufgrund seiner Intensität oder seines unerwarteten Eintretens die psychischen Verarbeitungsmöglichkeiten einer Person überschreiten. Die psychische Verarbeitung des Erlebens mit der Integration in eine eigene narrative Geschichte gelingt dem Subjekt mit seinen individuellen Abwehrmöglichkeiten nicht.

Traumata werden mit Hilflosigkeit und Verzweiflung, oft auch mit Todesangst erlebt. Die emotionale Überforderung führt daher zunächst im Sinne des Überlebens zu einem »Trennen« von affektivem Erleben und Verhalten mit der Folge eines emotionslosen, scheinbar klaren Denkens und der Suche nach Schutz und Sicherheit. In personalisierten Gewalterfahrungen mit massiven Ohnmachtserfahrungen sind es nur die Täter, die zugleich Schutz bieten. Es kommt zur Identifizierung mit dem Täter, die das eigene Überleben sichern soll, oder zur Introjektion von Aspekten des Täters (sehr anschaulich beschrieben in der Geschichte von Harry Potter und den Horkruxen (Rowling, 2007). Unterschiedliche Möglichkeiten zur Bewältigung traumatisierender Erfahrungen werden beschrieben:

- Die nachträgliche Vorstellung, in der Situation doch anders gehandelt haben zu können. Diese Situation vermindert das Erleben der Ohnmacht um den Preis, sich selbst für das Erlebte – zumindest partiell – schuldig zu fühlen.
  Das 5-jährige Kind ist der Überzeugung, dass die Eltern sich trennen, weil es selbst so frech und anstrengend gewesen ist. Wäre es selbst »lieber« gewesen, so hätten sich die Eltern nicht getrennt. Schuld ist hier leichter zu ertragen als Ohnmacht.
- Die aktive Wiederholung von Aspekten des Traumas (auch in Träumen) kann, wenn die Bedingungen dafür geeignet sind, zu einer langsamen Integration dieser Erfahrungen führen. Dies geschieht z. B. im kindlichen Spielen. Die Wiederholung in der Erinnerung ist

aber oft mit einer Wiederholung des Erlebens der traumatisch wirkenden Überwältigung verbunden. Sie kann dann als Symptom einer posttraumatischen Belastungsstörung in Form von »Introjektionen« oder »Flashbacks« erlebt werden – auf kleine Auslöser hin treten Erinnerungen an Aspekte eines Traumas so auf, als fänden sie gerade aktuell statt.

- Das traumatische Erlebnis wird vom Zusammenhang mit dem alltäglichen Erleben aktiv getrennt, um eine erneute Reizüberflutung zu verhindern. Mit dieser Trennung entfalten die isolierten Introjekte aber auch ein schwer zugängliches Eigenleben. Sie führen etwa zu Schuldgefühlen, indem sie das traumatisierte Kind – analog einem Über-Ich – bewerten und beschuldigen.
  Das sexuelle Gewalt durch seinen Vater erlebende Kind isoliert diese Erfahrungen von anderen Beziehungsaspekten und geht danach mit sich selbst (und vielleicht auch anderen) gewaltsam um. Das Introjekt wird wirksam im Erleben und Handeln.

Ödipus nimmt seine Schuld an. Dem »Opfer« eines Traumas wird in dieser Sicht neben der Anerkennung der Verletzung auch Verantwortung zugesprochen, ihm wird eine – zumindest potentielle – Kompetenz der Verarbeitung zugesprochen. Häufig müssen und können sich solche Fähigkeiten nachträglich entwickeln. Anna Freud hat diesen Aspekt in dem Gedanken zusammengefasst, nur das, was das Ich getan habe (für das es also Verantwortung übernimmt), könne es auch verändern. Schafer (1985) mit dem Konzept der »Handlungssprache« in der psychoanalytischen Metapsychologie und Boothe und Heigl-Evers (1996) mit dem entwicklungsfördernden Konzept der »Kreditierung« argumentieren in diese Richtung. Für die psychoanalytische Auffassung von Entwicklung ist die Kreditierung ein zentrales Bild – etwa in der Vorstellung, »wo Es war, soll Ich werden« (Freud, 1933). Aus entwicklungspsychologischer Perspektive entspricht diese Vorstellung der Beobachtung, dass Eltern ihren Kindern Fähigkeiten zuschreiben, die diese zunächst noch nicht haben – und damit die Entwicklung dieser Fähigkeiten bewirken. »Kreditierung« vermittelt dem Kind, was die Dreifachbedeutung des englischen Wortes »credit« enthält – jemanden anerkennen, ihm etwas zutrauen und Glauben schenken (Boothe & Heigl-Evers, 1996, S. 133).

Auch das Bild, das Kinder zunächst von den sie liebenden Erwachsenen »zum Leben verführt« werden, gehört in diese Argumentationslinie. Interpersonelles Verhalten zwischen Eltern und Kind ist hier mit der Bildung intrapsychischer Strukturen verbunden. Behandlungstheoretische Kontroversen zum Umgehen mit Traumafolgestörungen sind mit dem Konzept der Kreditierung verbunden. Sie können hier nicht ausführlich aufgegriffen werden. Die Frage der Verantwortungsübernahme für das eigene, auch das unbewusste Handeln führt gerade bei der Arbeit an Traumafolgestörungen zu einer kritischen Distanz zwischen manchen Traumatheorien und psychoanalytischen Entwicklungsmodellen. In diesen Modellen werden Patienten nicht allein als »Opfer« eines Traumas gesehen, sondern darin bestärkt, die aktive Verarbeitung der Erfahrung zu erkunden. Sehr kritisch gegenüber dieser Haltung argumentiert Kind (2017), der den Wunsch der Kindestötung als zentrales Element des Ödipuskomplexes ansieht. In seiner Interpretation des Ödipusmythos versagt Ödipus bei der Bewältigung dieses Traumas. Er versäumt es, seine Pflegeeltern zu fragen, gewinnt kein Wissen über seine Herkunft und setzt die Geschichte familiärer Gewalterfahrungen fort. Für Kind ist die klassische Interpretation des Ödipusmythos ein Versuch, Traumata und ihre zerstörerische Wirkung auszublenden – schädlich für die Psychoanalyse. Stakelbeck (2017) bedauert dagegen ein »Verschwinden« der klassischen Auffassung ödipaler Konflikte in aktuellen psychoanalytischen Diskussionen und Konzepten. Er führt das geringe Interesse an klassisch ödipalen Entwicklungsmodellen auf deren vereinfachende und verkürzende Rezeptionen zurück. So spricht Stakelbeck von einem »ausgeschlagenen Erbe« für die Psychoanalyse und beschreibt die Erklärungskraft ödipaler Modelle für aktuelle klinische und gesellschaftliche Entwicklungen.

### Auswirkungen auf psychische Strukturen: Biologie und Kultur

Mit der Bearbeitung ödipaler Konflikte verändert sich die Struktur des Denkens und In-Beziehung-Seins. Interpersonelle Konflikte werden jetzt zunehmend durch ein Erleben innerer Konflikte ergänzt oder abgelöst. Die »Instanzen« Ich, Es und Über-Ich tragen jetzt – bildlich gesprochen – Konflikte untereinander aus. Entwicklungspsychologisch ist es wünschenswert, ein kräftiges »Ich« zu entwickeln, das zwischen der tief ins Biologische reichenden Macht des Unbewussten (»Es«) und den verinnerlichten Anforderungen und Erwartungen anderer (dem »Über-Ich«) vermitteln kann. Dieses einfache »Strukturmodell« ist vielfach erweitert und differenziert worden.

Die als »Ödipuskomplex« bezeichnete »organisierte Gesamtheit von Liebes- und feindseligen Wünschen, die das Kind seinen Eltern gegenüber empfindet« (Laplanche & Pontalis, 1973, S. 351) mit ihrer triangulären Struktur wird als kulturübergreifend angenommen. Der Ausgang des ödipalen Konflikts (Gewinnen, »überleben« die Väter oder die Kinder?) und damit die mit ihm verbundenen Entwicklungsaufgaben und Ängste sind allerdings kulturabhängig. Bischoff beschreibt aus psychologischer und anthropologischer Sicht »Das Rätsel Ödipus« (1989) als ein biologisch verortetes Programm zur Bewältigung des »Urkonflikts« von Intimität und Autonomie, das nicht auf Menschen beschränkt ist, sondern sich auch bei vielen Tieren beobachten lässt. Biologische und soziale Faktoren tragen zum Begehren des Fremden und zur Exogamie bei. Sexualität wird die Quelle für Veränderungen des Bestehenden. Freud und Lacan sehen im Inzestverbot und der angedrohten oder befürchteten Kastration den entscheidenden Dreh- und Angelpunkt des ödipalen Dramas, der über den Verzicht auf sofortige Befriedigung und die Verinnerlichung von Konflikten zur Bildung von seelischer Struktur führt.

Die Zeit ödipaler Konflikte wird dann von den ruhigeren Zeiten der »Latenz« abgelöst. Dies ist eine idealtypische Beschreibung. Vielfältige Wege kommen vor. Wie bei fast allen inneren Konflikten werden auch die mit dem Ödipuskomplex verbundenen Aufgaben nicht ein für alle Mal gelöst – sie treten im Verlauf des Lebens immer wieder auf. Kulturelle Überformungen sind deutlich und prägen das spätere Erleben und Handeln in ödipalen, triadischen Konflikten. Die – erstmalige – Bewältigung der mit ödipalen Konflikten verbundenen Aufgaben hat aber vermutlich kulturübergreifend eine hohe Bedeutung dafür, wie diese Herausforderungen später – in der Adoleszenz, im Beruf und in der Familie – angegangen und bewältigt werden. Gelingt diese Bewältigung nicht, kommt es zu regressiven Bewegungen – einem Rückschritt auf »phallische«, »anale« oder »orale« Beziehungsmuster und die mit ihnen verbundenen Befriedigungsmöglichkeiten, Abwehrmechanismen und Ich-Funktionen.

## 7.3 Ödipale Konflikte und ihre Herausforderungen

Die Aufgaben bei der Bewältigung der ödipalen Konflikte sind vielfältig:

- Die Entwicklung des Erlebens eigener Aktivität durch Identifizierung mit dem Verzicht auf passive Erwartungen: selbst lieben statt – nur – geliebt zu werden,
- das Finden und Vertreten eines eigenen Platzes in der Familie: bezogene Abgrenzung von Mutter, Vater und Geschwistern,
- das Finden der eigenen Geschlechtsrolle und das soziale Sichern der Geschlechtspartnerorientierung durch Identifizierungen und wechselseitige Rollenerwartungen,
- der Verzicht auf kindliche Allmachtsansprüche und das Ertragen von – relativer – Ohnmacht,
- die Verankerung der Kompetenzen des Mentalisierens durch Anerkennen des Anderen als unabhängig von einem selbst aktiv handelnden Anderen (»Alterität«).

Das *Erleben eigener Aktivität*: Die Beiträge des als in Hinsicht auf Beziehungen bereits bei der Geburt »kompetent« beschriebenen Säuglings und des kleinen Kindes zur Beziehungsgestaltung mit den Eltern sind oben vielfach geschrieben. Trotz dieser Aktivitäten ist die Entwicklung des Kindes in den ersten 5 Lebensjahren davon geprägt, dass sich die Eltern ihrem abhängigen Kind zuwenden, es schützen und ihm zeigen, was es darf und tun soll. Dies verändert sich mit den ödipalen Konflikten. Kinder – Mädchen und Jungen – erleben sich als aktiv bezogen auf ihre Eltern, auch mit ihren sexuellen Wünschen. Wünsche, selbst aktiv zu lieben und zu »erobern«, ergänzen die passiven Wünsche und Erwartungen, von den Eltern geliebt zu werden. Damit erproben und gestalten Kinder ihre Geschlechtspartnerorientierung. Sie geraten dabei »zwischen« die Eltern, die sich ihnen bisher »von oben« hilfreich zugewandt haben.

Die eigene verführende Aktivität des Kindes kann von Eltern vor allem dann als liebevoll angenommen, genossen und begrenzt werden, wenn sie selbst ein sexuell liebendes Paar sind. Sie ermöglichen ihren Kindern damit Identifizierungen und das intensive Erleben eigener erotischer und rivalisierender Wünsche in der – auch schmerzlichen – Sicherheit, dass diese sich nicht erfüllen werden. Die Kränkung, aufgrund der Anwesenheit und Attraktivität des gleichgeschlechtlichen Elternteils, nicht »alles« haben zu können, schützt dabei zugleich vor der – potentiell weit schwerer kränkenden – Überforderung, tatsächlich in eine Rolle der Partnerin oder des Partners des gegengeschlechtlichen Elternteils zu gelangen.

Mit dem Erleben von Begehren, aktiven Liebeswünschen und Rivalitätsgefühlen wird zunehmend der eigene Platz in der Familie gefunden und aktiv vertreten. In Bezug auf die Geschlechterrolle ist dies in den letzten Jahrzehnten weniger eindeutig geworden als zu Freuds Zeiten. Genderdifferenzen sind weniger klar oder werden verpönt, Familienmodelle sind vielfältig, Männer- und Frauenbilder unterschiedlich. Eltern sind oft mit einem Finden ihrer Rollen jenseits traditioneller Vorgaben beschäftigt. Die Familie mit Vater und Mutter und mehreren Kindern beider Elternteile ist keine statistische Norm mehr und verliert auch ihre Wirksamkeit als Idealnorm. Scheidungs-, Patchwork- und Fortsetzungsfamilien erfordern eine eigene Betrachtung. Sich zurechtzufinden und allgemein gültige Leitlinien zu finden, ist für Kinder, Eltern und Wissenschaftler schwieriger geworden. Dies macht die Aufgabe, sich selbst mit den eigenen Beziehungswünschen in einem komplexen Gefüge zwischen Mutter, Vater und anderen aktiv zu positionieren, für Kinder nicht einfacher.

Das *Finden der eigenen Geschlechtsrolle* geht einher mit Identifizierungen mit dem gleich- und dem gegengeschlechtlichen Elternteil und mit den Beziehungsmodi, die von beiden vermittelt werden. Zugleich müssen aktive und passive Wünsche integriert werden. Der Junge eignet sich die aktive Rolle des Vaters an – er identifiziert sich mit dem Vater, der aktiv die Mutter liebt, und mit dessen Begehren gegenüber der Mutter (sogenannter »positiver Ödipuskomplex«). Er identifiziert sich aber auch mit der Liebe der Mutter zu seinem Vater und ihrem aktiven Begehren (»negativer Ödipuskomplex«). Mit den Erfahrungen des aktiven Liebens und des Geliebtwerdens sind aktive und passive Wünsche zu beiden Elternteilen verbunden. Sie werden integriert und in eine individuelle Struktur gebracht. Dabei ist in einem triadischen Denken der jeweils andere Partner mitgedacht, so dass vielfältige Ängste und Abwehrformen auftreten. Die »Prinzessin« und der »Prinz« erleben noch, dass sie aufgrund ihres weiblichen und männlichen Charmes und der Liebe ihrer Eltern »alles können und dürfen«, ohne sich Liebe und Anerkennung erarbeiten und sich dafür anstrengen zu müssen. Diese »äußere« Sicherheit wird, wenn es gut läuft, zumindest zeitweise enttäuscht. Diese Enttäuschungen führen zu einem Wechsel von dem »Anspruch«, passiv geliebt zu werden, hin zu einem aktiven eigenen Begehren. »Wechsel« ist hier möglicherweise eine zu starke Formulierung – die »alten« Wünsche und Erwartungen bleiben erhalten und können reaktiviert und dann handlungsleitend werden. Es tritt idealtypisch aber zumindest eine neue Form des Gewinnens von Sicherheit hinzu: Mit dem Versprechen auf eine Zukunft und den Möglichkeiten aktiven Begehrens und Liebens wird eine Befriedigung von Liebeswünschen auf einer neuen strukturellen Ebene möglich. Gelingen diese Identifizierungen wenig (oder bieten Eltern diese Möglichkeiten, wechselseitiges Begehren zu erleben, nicht), kann es zum Aufrechterhalten einer passiven Anspruchshaltung (an alle Menschen oder eingeschränkt auf intime Beziehungen) kommen. Die unbewusste Überzeugung und ein damit verbundenes Ressentiment gegenüber dem anderen Geschlecht oder allen Menschen gegenüber bleibt dann bestehen: Die bedingungslose Liebe und Bewunderung des anderen wie zu Beginn des dritten Lebensjahres bleibt der Anspruch an die Welt.

Eng verbunden mit den bisher geschilderten Aufgaben ist der *Verzicht auf kindliche Allmachtsansprüche.* Diese Omnipotenzphantasien sollten langsam enttäuscht werden, damit sich ein stabiles Selbst entwickeln kann. Astrid Lindgren hat in »Lotta zieht um« (Lindgren, 1997) eindrucksvoll beschrieben, wie Vater und Mutter der Tochter die Vorstellung eigener Macht so taktvoll erhalten, dass Lotta sie selbst regulieren lernt. Hier ist die äußere Realität – vertreten durch die Geschwister – für die Adaptation hilfreich. Deutlich wird – ich bin und habe nicht alles. In dieser Grenzsetzung gegenüber Allmachtsansprüchen behält das Konzept der ödipalen Konflikte seine Anstößigkeit – deutlich z. B. in Diskussion zu Fragen von Gender und Machtverhältnissen (▶ Kap. 7.5 und z. B. Heigl-Evers & Boothe, 1997, oder Rohde-Dachser, 2003).

Lacan spricht hier vom »Gesetz des Vaters«. Kinder erleben in der Auseinandersetzung mit den Einschränkungen der eigenen Macht äußere Regeln jetzt als hilfreich und achten darauf, dass alle sie einhalten – das »Über-Ich« entwickelt sich. Die erlebte Kompetenz und Macht der Eltern bleiben dabei idealisierend noch lange erhalten und geben Sicherheit. Lediglich die eigene Inanspruchnahme dieser Kompetenzen wird weniger selbstverständlich: »Mama und Papa können alles!«.

*Mentalisieren* wird mit dem Verinnerlichen von Regeln und Normen im Zuge der Ausdifferenzierung des Über-Ichs sicherer und fester verankert. Kinder erleben in der ödipalen Phase Schuldgefühle – teils aufgrund der bewusster werdenden Wünsche und Phantasien (»ich heirate Dich und Vater kann im Keller wohnen oder einen Unfall haben!«), teils aufgrund des oben ausführlich beschriebenen Wechsels zum Selbsterleben als bewusst aktiver und reflektierender Akteur. Mit der erstmaligen Bewältigung ödipaler Konflikte und der Integration unterschiedlicher Identifizierungen kommt es zu einer Veränderung im Ich, aus der heraus sich Ich-Ideal und Über-Ich entwickeln (Freud, 1923, S. 262). Diese Veränderungen wirken sich dauerhaft auf die Bewältigung von Konflikten aus: Triangulierung wird als innere Struktur gefestigt, sie geschieht jetzt (auch über das Über-Ich) intrapsychisch. Diese Veränderung trägt dazu bei, andere Menschen als anders in ihrem eigenen Recht wahrzunehmen und zu akzeptieren, ein Entwicklungsschritt, der – idealistisch zu Ende gedacht – mit dem Verzicht auf die Durchsetzung der eigenen Sicht als »Wirklichkeit« verbunden ist. Das Selbsterleben verändert sich durch eine bewusster werdende Reflexion der eigenen Position, über die gesprochen werden kann – das »narrative Selbst« Sterns entsteht.

In kleinianischen Konzepten werden ödipale Konflikte und die Entwicklung von Über-Ich-Strukturen sehr früh in der Entwicklung des

Kindes beschrieben. Sie zeigen sich im Zusammenhang mit unbewussten Phantasien kleiner Kinder bereits im ersten Lebensjahr. Hier können Verbindungen zu den triangulierenden Kompetenzen (▶ Kap. 5) von Kindern im ersten Lebensjahr gezogen werden. Aus der Sicht einer empirischen Beobachtung von Kindern fehlen aber Anhaltspunkte für unbewusste intrapsychische Konflikte bei Kindern im ersten Lebensjahr; auch die Reflexion der eigenen Position, die oben als Ergebnis der Bewältigung ödipaler Konflikte beschrieben wurde, fehlt in den ersten drei Lebensjahren noch. Allerdings findet sich schon bei sechs Monate alten Säuglingen die Fähigkeit, in Interaktionen anderen Menschen Ziele und Dispositionen zuzuschreiben. Es ist offen, ob diese Kompetenzen erlernt oder angeboren sind. Sie setzen jedenfalls etwas voraus, das als mentale Repräsentation verstanden werden kann. Es erscheint gut vorstellbar, dass diese Repräsentationen vielfach mit Erfahrungen im Alltag nicht zusammenpassen und so bereits in den ersten Lebensmonaten bei Missverständnissen auch »innere« Konflikte auftreten. Das Erleben dieser Missverständnisse und Konflikte wird Auswirkungen auf die inneren Repräsentanzen haben und so zu »unbewussten Phantasien« führen können, mit denen diese Missverständnisse in einen kontingenten Rahmen gebracht werden (Übersicht bei Erreich, 2016). Fasst man das Konzept der unbewussten Phantasie und den Begriff eines »ödipalen Konflikts« sehr weit, so können hier einige kleinianische Auffassungen eines früh sehr kompetenten Säuglings mit den Ergebnissen anderer Wissenschaften in Verbindung gebracht werden.

In den meisten Entwicklungsmodellen steht »der Ödipuskomplex« am Ende der »phallischen Phase«, in der sich Initiative, Interesse an den eigenen Genitalien und den mit ihnen verbundenen Lustgefühlen und soziale Kompetenzen der Selbstreflexion (Mentalisieren) entwickelt haben. Aus Sicht des Kindes kann sein Erleben der Beziehung zu den Eltern jetzt auf den Satz heruntergebrochen werden: »Ich bin der/Ich bin die für Dich!«.

## 7.4 Über-Ich – Entwicklung und Humor

Freud beschreibt mit der Bewältigung des Ödipuskomplexes und den damit einhergehenden Veränderungen der Ich-Struktur die Entwicklung des »Über-Ich«. Das

> »Ich ist nichts einfaches, sondern beherbergt in seinem Kern eine besondere Instanz, das Über-Ich, mit dem es manchmal zusammenfließt, so dass wir die beiden nicht zu unterscheiden vermögen, während es sich in anderen Verhältnissen scharf von ihm sondert« (Freud, 1928, S. 386–387).

Die Fähigkeit, auf sich selbst zu schauen und das eigene Verhalten zu beurteilen, entwickelt sich in Abhängigkeit davon, wie die Eltern auf das Kind schauen und wie das Kind diese Beurteilungen vor dem Hintergrund seiner eigenen Prädispositionen aufnimmt. Häufig wird das Über-Ich mit den strafenden Aspekten elterlichen Verhaltens und deren Verarbeitung in Verbindung gebracht. Im Zusammenhang mit der Untersuchung von Trauer und Melancholie beschreibt Freud (1916, S. 435) die Bedeutung von Identifizierungen mit einem »Der Schatten des Objekts fiel so auf das Ich, welches nun von einer besonderen Instanz wie ein Objekt … beurteilt werden konnte«. Aus der Beziehung zu den Eltern entstehen mit wachsender Unabhängigkeit von ihnen Identifizierungen mit ihnen. Süßigkeiten werden nicht mehr genommen, auch wenn die Eltern nicht da sind. Anna Freud hat diese Identifizierungen als »Identifikation mit dem Aggressor« (1936) beschrieben.

Das Über-Ich enthält so zunächst den Wunsch, den Verboten der Eltern zu entsprechen. Die Strenge des Über-Ich ist dabei nicht sehr eng an die realen Erfahrungen mit den Eltern gekoppelt. Liebevolle und freundliche Eltern können Kinder mit strengen Über-Ich-Anforderungen haben. Die Strenge des Über-Ich hängt auch von den Ängsten des Kindes ab; und weil diese Ängste im jungen Altern in der Regel noch stärker und »archaischer« sind als später, können kluge, schon in jungem Alter »reflektierende« Kinder vergleichsweise strenge Über-Ich Anforderungen entwickeln. Auch mit von ihren Eltern bewusst abgelehnten Vorstellungen und Verhaltensweisen können sich Kinder identifizieren, wenn diese in Interaktionen mit ihnen einfließen. Manifeste Vorstellungen der Großeltern, von denen sich die Eltern aktiv abgegrenzt haben (die aber ein nicht bewusster Teil ihres Über-Ich geworden sind), können so in den Vorstellungen der Kinder wieder manifest werden. Dies kann zu einer besonderen Ähnlichkeit und Nähe zwischen Großeltern und ihren Enkelkindern beitragen.

Zum Über-Ich gehören auch die frühen narzisstisch bestätigenden Erfahrungen mit den Eltern und mit späteren Interaktionspartnern. Diese Identifizierungen mit Vorbildern sind oft vergleichsweise bewusstseinsnah. Sie können als Ich-Ideal vom Über-Ich abgegrenzt werden. »Das Ichideal ist also der Erbe des Ödipuskomplexes und somit Ausdruck der mächtigsten Regungen und wichtigsten Libidoschicksale des Es« (Freud, 1923, S. 264). Hier geht es um die Reflexion der Wünsche des Kindes, so zu sein – oder zu werden – wie die Eltern oder andere wichtige Vorbilder. Der Vergleich mit einer Idealnorm ist nicht mit Schuld-, sondern mit Schamgefühlen verbunden. Wünsche, die mit der Selbstachtung nicht vereinbar sind, werden am Ich-Ideal gemessen und abgewehrt. Sie bleiben unbewusster oder werden auf andere Weise überarbeitet (Zur weiteren Differenzierung des Über-Ich und zur Moralentwicklung: ▶ Kap. 9 und ▶ Kap. 10).

Freud beschreibt anschaulich, wie das Über-Ich nicht immer ein »strenger Herr« sei. Mit der Entwicklung des Humors identifizieren sich Kinder (und später Erwachsene) probeweise lustvoll mit dem Über-Ich und behandeln aus dieser Perspektive die Widrigkeiten des Alltags aus einer lustvollen Distanz:

> »Sieh' her, das ist nun die Welt, die so gefährlich aussieht. Ein Kinderspiel, gerade gut, einen Scherz darüber zu machen … wenn das Über-Ich durch den Humor das Ich zu trösten und vor Leiden zu bewahren strebt, hat das damit seiner Abkunft von der Elterninstanz nicht widersprochen.« (Freud, 1928, S. 388–389).

Weiteres zu Ich-Ideal, Ideal-Ich und Über-Ich z. B. in Mertens und Waldvogel (2014).

## 7.5 Verlauf ödipaler Konflikte bei Mädchen und Jungen

Die Unterscheidung einer ödipalen Entwicklung für zwei Geschlechter, Jungen und Mädchen, ist heute ein Stein des Anstoßes – Fragen der »Konstruktion« von Gender, der Normativität einer Einteilung in zwei Geschlechter, aber auch der Notwendigkeit einer geschlechtsbewussten Behandlung in der Medizin werden kontrovers diskutiert. Die Entwicklung von Identität ist vor dem Hintergrund auch kulturell sehr unterschiedlicher Zuschreibungen eng mit einer Auseinandersetzung mit dem Geschlecht verbunden. Sexualität und Gender sind ein viel bearbeitetes Thema in der Psychoanalyse. Mit ihrer Betonung einer primären Bisexualität und Freuds Offenheit gegenüber homosexuellen Entwicklungen wurden psychoanalytische Konzepte lange als befreiend und progressiv wahrgenommen. Dies hat sich verändert. Einige klassische psychoanalytische Entwicklungskonzepte sind inzwischen vielfach als veraltet, »phallozentrisch« und modernen Entwicklungen nicht mehr gerecht werdend beschrieben worden. Dies gilt besonders für Fragen einer unterschiedlichen Entwicklung der Geschlechter. Angesichts einer stärkeren Buntheit und akzeptierten Vielfalt in Familie und Gesellschaft werden psychoanalytische Modelle der Entwicklung von Jungen und Mädchen häufig als normativ verstanden. Sie sind hier im Folgenden skizziert:

In Hinsicht auf die Entwicklung des erotischen Begehrens und der Sinnlichkeit finden sich für Jungen und Mädchen unterschiedliche Aufgaben. Beide haben in dem klassischen Modell die Mutter als ihr erstes Liebesobjekt kennengelernt. Sie sind in ihrem ersten Lebensjahr mit ihrer primären Bezugsperson identifiziert – die ist in unserer Kultur in der Regel die Mutter. Besonders bei Mädchen kann diese primäre Identifizierung ein Leben lang stark bleiben, Jungen lösen sich hier meist stärker, sie entidentifizieren sich aktiver von dieser Beziehung. Wenn jetzt der gegengeschlechtliche Elternteil aktiv begehrt wird, stört der gleichgeschlechtliche, der die Position des aktiv Liebenden schon »besetzt«. Der passive Wunsch, von den Eltern geliebt werden zu wollen, bringt Kinder in eine gewisse Konkurrenz zu ihren Geschwistern – es ist aber vergleichsweise leicht vorstellbar, dass Eltern mehrere Kinder in ähnlicher Weise lieben können. Mit dem Wunsch, selbst aktiv und sexuell zu lieben, erleben die Kinder jetzt Rivalität im Kampf um einen Ort, der nur einfach besetzt werden kann. Die Konflikthaftigkeit dieser Phase wird noch dadurch verstärkt, dass neben den Gefühlen von Neid, Hass und Rivalität auch der Wunsch bestehen bleibt, von beiden Eltern geliebt zu werden. Das Kind muss diesen Konflikt bewältigen und einige der mit diesen Gefühlen verbundenen Wünsche aufgeben oder aufschieben. Die Lösung dieses Komplexes durch eine Identifizierung mit dem gleichgeschlechtlichen Elternteil führt in diesem Modell zu einer Akzeptanz der Rollen der Eltern und der eigenen Rolle.

Bei Mädchen findet im Ödipuskomplex ein Wechsel des Liebesobjektes von der Mutter zum Vater statt. Konflikte zwischen Autonomie und Abhängigkeit führen zu feindseligen Gefühlen gegenüber der Mutter, die vor den ödipalen Konflikten – z. B. im Trotzen – bereits kennengelernt und teilweise integriert wurden. Diese ablehnenden Gefühle sind für die Autonomieentwicklung notwendig, stören aber die Idealisierung und Identifizierung mit der Mutter und können so später das Erleben der eigenen Weiblichkeit beeinträchtigen. Wird Autonomie jedoch – z. B. über hinreichendes Trotzen – ausreichend gesichert, so kann sich das Mädchen zunächst von der Mutter lösen und damit Individualität gewinnen. Es kann sich dann *mit Aspekten* der Mutter wieder identifizieren – auch mit ihrer Weiblichkeit. Gelingt dies, so kann sich das Mädchen, im Vertrauen auf die trianguläre Kompetenz der Eltern, dem Vater zuwenden, ohne befürchten zu müssen, damit die Mutter zu verlieren. Sie hat eine sichere innere Mutter entwickelt (die »gute Fee« der Märchen). Dies schafft die Grundlage für verinnerlichte triadische Beziehungen, da das Mädchen nun zu beiden Elternteilen unterschiedliche Beziehungen führen kann, ohne einen dabei zurückzuweisen. Im sogenannten positiven Ödipuskomplex identifiziert sich das Mädchen mit der Mutter und möchte deren Platz an der Seite des Vaters einnehmen. Durch die Bewunderung des Vaters steigern sich das Selbstwertgefühl und die Identifizierung mit ihrem weiblichen Ich-Ideal. Dies kann die Grundlage für eine heterosexuelle Geschlechtspartnerorientierung sichern (»wie Mutter werden und einen Mann wie Vater bekommen«). Parallel zum sogenannten »positiven« Ödipuskomplex mit der Identifizierung mit dem gleichgeschlechtlichen Elternteil identifiziert sich das Mädchen auch mit Aspekten des Vaters (sogenannter »negativer« – wie in der analogen Fotografie gemeint; »negativ« enthält hier keine Bewertung – Ödipuskomplex). Das Mädchen identifiziert sich mit dem Vater und seinem Begehren der Mutter. Diese Identifizierung kann zu einer lesbischen Partnerwahl beitragen. Auch eine dritte Möglichkeit besteht: Der ödipale Konflikt kann vermieden werden, die Tochter auf Autonomie und eigenes Begehren verzichten, sich nicht der Auseinandersetzung mit ihren Eltern stellen und »Tochter bleiben«. Alle drei Lösungen bleiben dem Erwachsenen in der Regel erhalten und können in Konfliktsituationen regressiv wiederbelebt werden.

Eine Lösung aus der engen Beziehung zur Mutter – als Voraussetzung einer guten Bewältigung der Konflikte der ödipalen Phase – wird bei Mädchen allerdings häufig erschwert, da kulturell Trotz bei Mädchen sanktioniert und eher das Bild eines »braven«, angepassten Mädchens belohnt wird. Zudem werden Mädchen weniger in ihrer Motorik wahrgenommen als Jungen. Dadurch können Folgen wie beispielswiese eine stärker nach innen erfolgende Verarbeitung von Konflikten entstehen, anstelle eines äußeren Verarbeitens durch Rangeln oder Toben. Ein weiteres Hindernis der Bewältigung ist eine verführerische Haltung des Vaters. Hier können Loyalitätskonflikte auftreten, aus denen heraus sich Mädchen wieder verstärkt an die Mutter binden oder auf frühere kindliche Abhängigkeit zurückgreifen. Fehlt der Vater, braucht das Kind andere wichtige Personen, über die eine Differenzierung von der Mutter möglich wird, und sucht diese oft aktiv.

Auch Jungen sind zunächst in der Regel mit ihrer Mutter identifiziert. Aspekte dieser primären Identifizierung bleiben lebenslang erhalten – etwa in der eigenen Fürsorglichkeit für andere. Mit der kognitiven Reifung entdeckt der Junge die Unterschiede zur Mutter und macht sich auf die Suche nach ihm ähnelnden Objekten, mit denen er sich identifizieren und die er idealisieren kann. Der Vater wird zum zweiten Rollenmodell und trägt zur Entwicklung einer männlichen Identität bei. Für den Jungen verlangt der »positive Ödipuskomplex« einen Wechsel der Identifizierung bei gleichbleibendem Liebesobjekt. Es kommt zu einer Veränderung der Wünsche und Vorstellung der eigenen Geschlechterrolle: Statt wie der kleine Junge passiv geliebt zu werden, will der »große« Junge aktiv lieben, »erobern« und besitzen. Der negative ödipale Konflikt (wie Mutter sein und einen Mann wie Vater begehren) geht mit einem Erproben »weiblicher« Verhaltensmuster des Werbens um den Vater einher. Er ist in unserer Gesellschaft meist weniger deutlich sichtbar. Diskutiert werden dafür gesellschaftliche Gründe: Durch die Übernahme der Frauenrolle komme es zu einem »Verlust an Männlichkeit«, der häufig gesellschaftlich sanktioniert wird. Hier verändern sich derzeit gesellschaftliche Vorstellungen. Die Integration der Liebeswünsche an die Eltern – lieben und geliebt werden, erobern und sich erobern lassen – bleibt eine lebenslange Aufgabe.

Angesichts der Unsicherheiten in diesen Konflikten zeigen Jungen häufig ein geschlechtsstereotyp übertrieben »männliches« Verhalten. Sie prahlen und »geben an«. Die »übertriebene« Darstellung »männlichen« Verhaltens durch Jungen in diesem Alter dient der Sicherung angesichts des Wechsels der Identifizierungen. Sie stößt oft auf Ablehnung, was die Identifizierung »als Mann« erschwert. Idealtypisch bleibt die Identifikation mit dem Vater attraktiv und das Werben um die Mutter auf eine tragbare Weise erfolglos und enttäuschend. Jungen nehmen in dieser Konstellation Aspekte ihres Vaters als Ich-Ideal auf und verdrängen die libidinösen Wünsche an die Mutter. So können zu beiden Elternteilen liebevolle Beziehungen aufgebaut werden.

Diese Zusammenfassung zeigt bereits ein komplexes Modell der psychischen Entwicklung von Geschlechtsidentität und Begehren in den ödipalen Konflikten. Es ist vielfach erweitert und modifiziert worden und beschreibt eine lebenslang und immer wieder zu bewältigenden Konfliktkonstellation. Einige mit ihm verbundene Konzepte sind heftig umstritten.

## 7.6 Historisches Konzept: Penisneid und Kastrationsangst

Die zwei Begriffe haben vielfältige Kritik und damit auch hohe Aufmerksamkeit auf sich gezogen. Sie werden häufig nicht als eine Beschreibung aus der klinischen Beobachtung heraus gesehen, sondern im Sinne einer kritischen Bewertung verstanden. Hier sind sie in ihrer historischen Bedeutung dargestellt.

Freud beschrieb aus klinischer Sicht einen Unterschied in der Über-Ich Bildung von Männern und Frauen, den wir heute empirisch als Unterschied zwischen einer Beziehungsorientierung (eher bei Frauen) und Normorientierung (eher bei Männern) wiederfinden. Diese Unterschiede werden auch neurobiologisch mit der besseren Verknüpfung der beiden Hirnhälften bei Frauen begründet. Heute schätzen wir in unserer Kultur mehrheitlich eine Orientierung an Beziehungen als »soziale Kompetenz« höher als eine unabhängige, wenig durch Beziehungsaspekte bestechliche Urteilsbildung, die manchmal als eine »Verabsolutierung von Regeln« verurteilt wird. Zu Freuds Zeiten dagegen war gerade die Unabhängigkeit des moralischen Urteils von Beziehungsorientiertheit ein hoher Wert. Freud schreibt (1925, S. 29):

> »Man …kann sich aber doch der Idee nicht erwehren, daß das Niveau des sittlich Normalen für das Weib ein anderes sein wird. Das Über-Ich wird niemals so unerbittlich, so unpersönlich, so unabhängig von seinen affektiven Ursprüngen, wie wir es vom Manne fordern … (und lässt) sich öfter in seinen Entscheidungen von zärtlichen und feindseligen Gefühlen leiten.«

Empirische Untersuchungen (z. B. in dem Modell von Kohlberg (2017)) haben ähnliche Unterschiede in der moralischen Urteilsbildung zwischen den Geschlechtern gefunden.

Freud führt die Unterschiede in der moralischen Urteilsbildung auf den unterschiedlichen Verlauf ödipaler Konflikte zurück. Die Differenzierung des Jungen von seiner Mutter als erstem Identifikations- und Liebesobjekts erfolgt auch über die Wahrnehmung des körperlichen Unterschiedes. Für den Jungen wird der Penis so zum Symbol der Differenzierung von der Mutter und der Identifikation mit dem Vater. Die Angst, ihn zu verlieren (die »Kastrationsangst«), geht dann einher mit der Zurückweisung der Identifikation mit dem Vater. Mit dieser Phantasie ist die Vorstellung verbunden, so zu werden wie die Mutter. Es droht dann der Verlust, der gerade erst gelungenen Differenzierung von der Mutter als dem ersten Liebes- und Identifikationsobjekt. Drohungen der Kastration angesichts von Masturbation oder dem stolzen Vorzeigen des oder »Prahlen« mit dem Penis (in dieser symbolischen Form heute in Kitas manchmal nicht so anders als vor 100 Jahren in Wien) mögen zur Verschärfung von Ängsten vor dem Verlust dieses lustvoll erlebten Organs beitragen. Schuldgefühle angesichts ödipaler und narzisstischer Phantasien fördern die Identifikation mit dem Vater als Aggressor und damit die Übernahme einer aktiven sexuellen Rolle und einer strengeren Normenorientierung. Das Über-Ich entsteht hier wesentlich aufgrund der Identifizierung mit Aspekten des Vaters. Es erhält seine Strenge durch die Furcht vor der Kastration und der damit verbundenen Zurückweisung der Identifizierung mit dem Vater. Vor diesem Hintergrund beschreibt Freud die Angst des Mannes gegen seine passive oder feminine Einstellung zu einem anderen Mann (»männlicher Protest«, »Ablehnung des Weiblichen«) und den Penisneid des Mädchens als zwei zentrale an die Differenz der Geschlechter gebundene Themen.

»Gibt es« einen Penisneid des Mädchens? Wie kann erklärt werden, dass viele Mädchen bis über das fünfte Lebensjahr hinaus erklären, dass sie natürlich einen Penis haben und sich über das Zusammenpressen der Oberschenkel auch durchaus im Weitpinkeln der Jungen einmischen und behaupten? Aus der Fülle der Theorien (Übersicht in Tyson & Tyson, 2012) greifen wir wieder auf die Frage der Abgrenzung von der Mutter zurück. In den frühen Konflikten um Autonomie und Abhängigkeit ist der Penis sicht- und handhabbarer als Vulva oder Vagina. Der Junge hat etwas, das er leichter vorzeigen und mit dem er spielen kann. Eine Penislosigkeit wird als narzisstische Kränkung erlebt (»von der Mutter nicht gut ausgestattet«, »zu kurz gekommen« zu sein). Die Separation von der Mutter gelingt weniger leicht. Der biologische und psychologische Nachteil des »Zu-kurz-gekommen-Seins« wird durch gesellschaftliche Normen einer Geringschätzung von Frauen verstärkt – oder erst hergestellt.

In den Anstrengungen des Mädchens, die Aufmerksamkeit und Zustimmung seines Vaters zu gewinnen, identifiziert sich das Mädchen auch mit den moralischen Idealen des Vaters und damit – je nach sozialem und kulturellem Hintergrund unterschiedlich – auch mit einer Herabsetzung des Weiblichen. Die Identifizierung ist weniger weitgehend als beim Jungen – das Über-Ich bleibt flexibler und beziehungsorientierter. Die Identifizierung mit der Mutter und mit dem Begehren beider Elternteile trägt hier zu einem stolzen Erleben der eigenen Weiblichkeit bei. Zu weiteren Entwicklungen siehe – kontrovers – Heigl-Evers und Boothe (1997) und Rohde-Dachser (2018).

Das Bewältigen ödipaler Konflikte bleibt eine lebenslange Aufgabe – neue Herausforderungen und Veränderungen des Ich machen immer wieder neue Lösungen notwendig – Schulabschluss, Berufsausbildung, die Geburt von Kindern, Berufsausstieg, das Alter mit dem Nachlassen körperlicher Kräfte und Fähigkeiten (siehe Band 2 dieses Buches). Vor diesem Hintergrund ist das Konzept der Regression eng mit den ödipalen Konflikten verbunden. Treten im Laufe des Lebens Schwierigkeiten auf, die nicht im Sinne ödipaler Strukturen und den mit ihnen verbundenen Fähigkeiten der Konfliktbewältigung gelöst werden können, so kann eine Regression auf frühere Muster des Erlebens und Verhaltens stattfinden.

## 7.7 Regression und Angst

Vergangene Erfahrungen, Erlebnisse und Wünsche bleiben beim Lernen von Neuem erhalten. Sie stehen auch weiterhin zur Verfügung und können reaktiviert werden. Die Fähigkeit, diese Erlebensweisen weiter nutzen zu können, trägt zu einem Verstehen von Kindern bei. Selbst wieder ein Kind sein zu können hilft dabei, im Spiel mit anderen Kindern neue Erfahrungen zu machen und kindliches Erleben verstehen zu lernen. Die Fähigkeit, zu eigenem kindlichen Erleben zurückkehren zu können, wird oft mit Kreativität verbunden – regressivem Verhalten »im Dienste des Ich«.

Innerhalb einer Regression fördernden Situation gehen eigentlich bereits vorhandene Fähigkeiten verloren oder werden vorübergehend außer Kraft gesetzt. Stattdessen wird auf früher erworbene Bewältigungsstrategien zurückgegriffen. In regressiven Situationen können so Beziehungsmuster besonders deutlich hervortreten, die sonst durch andere, »reifere« oder »erwachsenere« Muster überdeckt sind, aber doch immer noch ihren Einfluss haben. Jede Entwicklungsstufe beinhaltet spezifische Konflikte, mit denen sich ein Kind auseinandersetzen muss. Gelingt eine solche Bewältigung schwer oder unvollständig – etwa durch ein zu schnelles Befriedigen der Bedürfnisse oder eine zu starke Frustration (die Bedürfnisse des Kindes werden gar nicht erfüllt) –, kann dies zu einer »Fixierung« führen. Das Kind bleibt – zumindest partiell – den Erlebensweisen und Konflikten dieser Entwicklungsstufe verbunden. Es entwickelt sich nur mit Einschränkungen weiter oder kehrt in Belastungssituationen auf das Erleben in der entsprechenden Entwicklungsstufe zurück.

**Entwicklung von Angst (zusammengefasst aus Benecke & Staats, 2017, S. 60–69)**

Frühen Ängsten kleiner Kinder können wir uns am ehesten metaphorisch und über die Erzählungen Erwachsener in Therapien nähern. Aus einer empirischen Perspektive sind diese Daten fragwürdig. Zugleich bieten sie aber einen Zugang zu einem mitfühlenden

Verstehen und einem das Erleben erfassenden Beschreiben. Winnicott (1965) beschreibt Ängste sehr kleiner Kinder als die »stärksten Ängste«. Der Verlust der Mutter ist mit der Angst zu »zerfallen« verbunden. In der strukturalen Analyse Lacans wird die Angst des Kindes in dieser Zeit als Angst vor der Unvollständigkeit seiner körperlichen Ausstattung beschrieben. Kinder sind auf eine Umgebung angewiesen, die nicht böse und feindselig ist. Eine Fragmentierung des Körper-Ichs kann in der frühen Entwicklungszeit durch Spiegelungserfahrungen bewältigt werden. Die – idealisierende – Spiegelung durch andere führt zu einer Beruhigung und einem Erleben von Vollständigkeit und »Ganzsein«. Zwischen narzisstischer Selbstbestätigung und Mangelerfahrung am anderen gewinnt in der Auffassung der strukturalen Analyse dann das Begehren Gestalt. Es trägt über die Bildung von Symbolen und über die Sprache dazu bei, den existentiellen Mangel zu ertragen, der sich aus unbefriedigenden Erfahrungen ergibt. So kann Angst leichter ertragen oder aktiv bewältigt werden.

Ein frühes Erleben von »Omnipotenz« ist in der kindlichen Entwicklung notwendig, um die Angst vor dem Erleben der eigenen existentiellen Angewiesenheit auf andere abzuschwächen und zu bewältigen. Idealerweise entwickelt sich eine sichere Bindung, die das Erleben von Abhängigkeit feinfühlig und dosiert im Sinne einer Entwicklungsförderung zu Autonomie aufnimmt und in angemessener Form »enttäuscht«. Gelingt dies nicht gut, steigt das Risiko, das im Verlauf des Lebens ein Angewiesensein auf andere Menschen frühe existentielle Ängste reaktiviert. Eine Abwehr dieser Ängste geschieht unterschiedlich:

Eine Möglichkeit ist die Entwicklung von Autonomie. Diese Autonomie kann verfrüht und überbetont eingesetzt werden. Melanie Klein (1946 dt. ) spricht von der »hypomanischen« Abwehr früher Ängste, die das Erleben von Abhängigkeit mildert. Eine zweite Möglichkeit der Bewältigung dieser existentiellen Ängste ist die Identifizierung mit einem Ziel oder einem Glauben. Eine solche Aufgabe hilft, die einzelnen Aspekte des Erlebens und Verhaltens zu verbinden und Sinn zu erleben. Eine dritte Möglichkeit der Bewältigung des Erlebens von Angewiesenheit ist die Übernahme von Kontrolle über die Objekte. Diese Bewältigungsform früher Ängste kann damit verbunden sein, dass es Momente intensiven Kontakts mit der Mutter gab, dieser Kontakt aber immer wieder (z. B. durch Anforderungen im Beruf oder durch Geschwister) abgerissen ist und verloren ging. Das Erleben der eigenen Omnipotenz wurde nicht langsam enttäuscht und in ein Vertrauen in die – äußeren und verinnerlichten – Objekte abgelöst, sondern bleibt an das Erleben des eigenen Bestimmens gebunden. Balint (1959) hat dieses sich Anklammern an Objekte als die »oknophile« Bewältigung von Angst beschrieben. Verbindungen finden sich zum Modell eines unsicher-ambivalenten Bindungsmusters.

Mit der Entwicklung motorischer Funktionen verändert sich das Erleben von Angst. Angst bekommt einen deutlichen interpersonellen Signalcharakter, sie wird gezeigt und die Reaktion anderer erwartet und geprüft. Die Rückversicherung des Kindes bei der Beurteilung von Situationen, das »Social Referencing« ist in dieser Zeit bestimmend für die Bewältigung von Herausforderungen. Mit der zunehmenden Fähigkeit des Kindes, Erinnerungen an Interaktionen aktiv zur Bewältigung neuer Situationen zu nutzen, entsteht Angst vor einer fremden Person. Angst vor fremden Personen kann hier einerseits als Furcht vor dem Verlust der Mutter beschrieben werden; sie kann aus triebtheoretischer Perspektive aber auch als Furcht des Kindes vor seiner eigenen Reaktion, der Wut darüber, dass die Mutter nicht zur Verfügung steht, »einfach weg« ist, konzeptualisiert werden. Im Sinne einer relationalen Auffassung ist sie auch als die Unsicherheit eines Kindes verstehbar, das sich in einer für es neuen Situation noch nicht auskennt. Vor dem Hintergrund bereits erworbener eigenen Fähigkeiten fühlt es sich jetzt – wieder – auf andere angewiesen und reagiert mit Angst.

Trennungsangst hat einen Höhepunkt im 12. bis 15. Lebensmonat. Wie die zuvor dargestellten Ängste bleibt sie – in modifizierter Form – lebenslang erhalten und kann – etwa bei Angststörungen – regressiv wieder für das Erleben bestimmend werden. Mit diesen Ängsten sind oft körperliche Symptome wie Übelkeit, Erbrechen,

Bauch- oder Kopfschmerzen verbunden. In der Interaktion mit Eltern und anderen Betreuungspersonen sind diese Beschwerden häufig mit Aufmerksamkeit und Pflegeverhalten verbunden. Früher als über ein verbales Äußern von Angst können Kinder mit diesen körperlichen Beschwerden Trennungen vermeiden. Ab dem 17. Lebensmonat werden Ängste von Kindern unter dem Begriff der »Wiederannäherungsangst« verstanden. Besonders bei unsicher-ambivalent gebundenen Kindern kann die Gefahr des Verlustes von Autonomie durch eine Wiederannäherung an die Mutter beobachtet werden. Die Kinder lassen sich nicht von ihrer Mutter trösten, anklammerndes und sich wehrendes Verhalten treten gleichzeitig auf. Die Wahrnehmung des Getrenntseins löst ambivalente Gefühle aus, die erst langsam integriert werden müssen. Die Herausforderung, unterschiedliche Affekte und Beziehungswünsche zu integrieren, ist auch für die Trotzphase des Kindes bestimmend. Ödipale Ängste nehmen in den klassischen psychoanalytischen Theorien einen breiten Raum ein. An die Stelle des Erlebens von Omnipotenz tritt die Einordnung in ein familiäres Gefüge, in dem ein individueller, das eigene Geschlecht berücksichtigender und mit Einschränkungen und Begrenzungen verbundener Platz gesucht und gefunden wird.

### Zusammenfassung: Brauchen wir ein so komplexes Modell der Entwicklung?

Der »Ödipuskomplex« verbindet als entwicklungspsychologisches und therapeutisches Modell biologische, soziale und anthropologische Aspekte. Anders als seine ins Allgemeinwissen eingegangene Kurzform darlegt, schildert er komplexe und konflikthafte Identifizierungen mit unterschiedlichen Liebesobjekten und Beziehungsmodi. Sexualität ist hier eng mit Veränderungen der Ich-Funktionen und des Selbsterlebens verbunden. Sie bleibt ein Motor für Veränderungen.

Es ist eine offene Frage, ob ein so komplexes und umfassendes Konzept heute noch relevant bleibt. Brauchen wir angesichts der größeren Vielfalt der Lebensformen für die verschiedenen Lebenssituationen nicht besser spezifischere und einfachere Modelle? Verändert die neue Rollenaufteilung in Familien mit weniger Kindern und im Alltag aktiveren Vätern etwas Grundsätzliches? Ist das subjektive Erleben von Kindern mit mehreren Geschwistern anders als das eines einzelnen Kindes in einer Familie, in der es auch die Bedeutung eines besonderen Projekts der Eltern bekommt? Wie wirkt sich eine regelmäßige Betreuung in Krippen und Kitas aus?

Rupprecht-Schampera (1997) hat ein Entwicklungsmodell entworfen, in dem präödipale und ödipale Konflikte vor dem Hintergrund des Schicksals früher Triangulierungserfahrungen zusammengefasst werden. Die Perspektive liegt hier auf dem aus Erzählungen Erwachsener rekonstruierten Kind. Seinem Erleben wird retrospektiv Sinn gegeben. Dabei spielt die Vorstellung von Konflikten als Entwicklungsaufgaben eine Rolle. Diese Konflikte sind eine Brücke von dem Erleben des Erwachsenen hin zu einem einfühlenden Verstehen der eigenen Geschichte des Aufwachsens als Kind. Sie begleiten Menschen durch ihr Leben, setzen Entwicklungen in Gang oder verändern sie. Für die meisten Konflikte gibt es dabei keine dauerhaften Lösungen – weder im Erleben von Kindern noch von Erwachsenen. Sie erfordern immer wieder aufs Neue eine aktive Bewältigung und Kompromisse mit der äußeren und inneren Realität (siehe Band 2 dieses Buches).

## Literatur zur vertiefenden Lektüre


Bischoff, N. (1985). *Das Rätsel Ödipus.* München: Piper.

Heigl-Evers, A. & Boothe, B. (1997). *Der Körper als Bedeutungslandschaft. Die unbewusste Organisation der weiblichen Geschlechtsidentität.* Bern u. a.: Huber.

Hopf, H. (2017). *Die Psychoanalyse des Jungen* (3. Aufl.). Stuttgart: Klett-Cotta.

Müller-Pozzi, H. (2002). *Psychoanalytisches Denken: Eine Einführung* (3., erw. Aufl.). Bern: Hans Huber.

Olivier, C. (1991). *F wie Frau.* Psychoanalyse und Sexualität. Düsseldorf: Econ.

Rohde-Dachser, C. (1991). *Expedition in den dunklen Kontinent. Weiblichkeit im Diskurs der Psychoanalyse.* Berlin, Heidelberg: Springer.

Rohde-Dachser, C. (2018). Wie sich die Geschlechterbeziehung in den letzten 100 Jahren verändert hat und warum es so schwierig ist, darüber innerhalb der Psychoanalyse ins Gespräch zu kommen. *Psyche Z Psychoanal* 72, 521–548.

Rupprecht-Schampera, U. (1997). Das Konzept der frühen Triangulierung als Schlüssel zu einem einheitlichen Modell der Hysterie. *Psyche Z Psychoanal 51*, 637–664.

## Fragen zum weiteren Nachdenken

- Wie verändern neue Familienformen die Bewältigung ödipaler Konflikte?
- Ist eine Bewältigung ödipaler Konflikte mit der Etablierung stabiler auf Identifizierungen beruhender Strukturen angesichts der raschen gesellschaftlichen Veränderungen noch funktional?
- Ist die »Akzeptanz der Beschränkung« auf ein Geschlecht (nicht alles sein zu können) eine wichtige Anforderung oder Ausdruck starrer gesellschaftlicher Rollenerwartungen?
- Spielen Lust und Sexualität heute noch eine für die Persönlichkeitsentwicklung bedeutsame Rolle – oder geht es eher um Identität? Um Anpassung?
- Macht es für die Bewältigung ödipaler Konflikte einen Unterschied, wenn Kinder gleichgeschlechtliche Eltern haben?

# 8 Erste Trennungen: Krippe und Kindergarten

»Die Besten für die Jüngsten«
(Leitsatz des Studiengangs Bildung und Erziehung an der FH Potsdam)

## Einführung

(Zu) Wem gehört das Kind? Schadet Kindern elterliche Berufstätigkeit? Trägt eine frühe Betreuung in Krippen und Kitas zum späteren Bildungserfolg von Kindern bei?

Über diese Fragen wird heftig gestritten. In unterschiedlichen Kulturen, selbst in den Ländern Europas, finden sich unterschiedliche, ja gegensätzliche Einschätzungen (Panova & Buber-Ennser, 2016). In Deutschland ist »Frühkindliche Bildung« ein erklärtes politisches Ziel geworden. Die Schaffung ausreichender Betreuungsplätze in Krippe und Kindergarten wird aus gesellschaftlicher Sicht mit der gewünschten Erhöhung der Geburtenquote durch eine bessere Vereinbarkeit von Beruf und Familie begründet. Aus Sicht der Eltern sprechen bessere Wahlmöglichkeiten in der Gestaltung von Familie und verbesserte Bildungs- und Aufstiegschancen für eine qualitativ hochwertige frühe Fremdbetreuung. Gerade in den ersten Lebensjahren entscheidet sich viel für die Entwicklung des Gehirns und damit für den weiteren Bildungsweg.

Die Anwendung entwicklungspsychologischer Konzepte ist nur ein Teil dieser Debatte. Bindungstheoretische Modelle werden für eine möglichst gute Bewältigung der Trennung von den Eltern genutzt. Dabei ist die Perspektive von Kindern auf die Herausforderung einer frühen Betreuung in Kita und Krippe eher wenig vertreten. Viele Bildungsforscher betonen die Gewinne für das Kind, die sich aus einer frühen Fremdbetreuung für die Bildung ergeben; aus psychoanalytischer Sicht werden eher Risiken dieser Trennung beschrieben und benannt. Das folgende Kapitel möchte zu einer Differenzierung der Aussagen beitragen und greift dazu Faktoren wie das soziale Umfeld, Eigenschaften des Kindes, Ziele früher Bildung und den Einfluss der Qualität von Krippen und Kindergärten auf. Hier stehen die Anwendungen entwicklungspsychologischer Konzepte und die Perspektive des Kindes im Mittelpunkt. Als zentrale Entwicklungsaufgabe für Kinder und Eltern wird ein Bewältigen der zeitweisen Trennung beschrieben.

### Lernziele

- Konflikte zwischen Familie und Gesellschaft kennen.
- Bedürfnisse von Kindern in Krippen und Kitas kennen.
- Empirische Ergebnisse zum Einfluss außerhäuslicher Betreuung einordnen können.
- Kontextfaktoren für den Einfluss außerhäuslicher Betreuung auf die Entwicklung von Kindern kennen.
- Unterschiedliche entwicklungspsychologische Konzepte zur Bewältigung von Übergängen anwenden können.

## 8.1 Trennung als Entwicklungsaufgabe

Der Eintritt in die Kinderkrippe bzw. den Kindergarten ist ein einschneidendes Erlebnis im Leben des Kindes und der Eltern. Je nach Alter, Temperament, den bis dahin gemachten Erfahrungen und der Qualität der Krippe oder Kita erleben Kinder diesen Trennungsschritt unterschiedlich. Sie entdecken zugleich eine neue, andere Welt als die Familie. Kinder werden Teil einer weiteren, meist größeren sozialen

Einheit, die es am Ende dieser Zeit mit dem Wechsel in die Schule wieder verlassen wird. Trennungen sind hier also – im Gegensatz zur Familie – klar angelegt. Krippe und Kindergarten bereiten die Zugehörigkeit des Kindes zur Gesellschaft vor. Gesellschaftliche Wünsche und Anforderungen an ein Kind – etwa in Hinsicht auf dessen späteren Nutzen für die Gesellschaft – unterscheiden sich von familiären Wünschen und Hoffnungen. Krippe und Kindergarten können Eltern in der Erfüllung ihrer gesellschaftlichen Anforderungen entlasten. Sie stehen als gesellschaftliche Institutionen aber auch in einem Konflikt zu Vorstellungen der Familie und zu deren Wünschen, Zielen und Erwartungen.

Entwicklung ist eng mit Trennungen verbunden – von der Geburt bis zum Tod kann das Leben unter dem Gesichtspunkt von Abschieden und Übergängen betrachtet werden. Etwas trennen, auch in dem Sinn, es unterscheiden zu können, ist Merkmal von Wissen und Bildung. Zugleich geht mit Abschieden, mit Unterscheiden und Differenzieren auch etwas verloren, oft unwiederbringlich. In den ersten Lebensjahren wird so etwas gelernt, das für das weitere Leben hohe Bedeutung behält. Kurze Trennungen tragen in den ersten Lebensmonaten und -jahren dazu bei, das vermisste Andere – in unserer Kultur in der Regel zu Beginn die Mutter oder der Vater – in den eigenen Gedanken erhalten zu können. Mutter oder Vater werden dann im eigenen Kopf »repräsentiert«. Wenn das gelingt, kann ein Kind seine Eltern vermissen und so in Gedanken für sich erhalten. Die immer wiederholten Spiele des »weg« und »wieder da!« sind eine Quelle der Lust und üben die Erfahrung und Überzeugung ein, dass etwas erhalten bleibt, auch wenn es »fort« ist und einem nicht sogleich zur Verfügung steht. Innere Repräsentanzen kräftigen sich, wenn sie mit einem lustvollen Wiederentdecken verbunden sind. Bis in das späte Kindesalter (z. B. beim Versteckspielen) und darüber hinaus bleibt diese Lust erhalten – sie hilft, Trennungen gut zu überstehen. Ein Hineinnehmen dieser Erfahrungen in die innere Welt trägt zu einer Unabhängigkeit von äußeren Faktoren (Objektkonstanz) und zur Entwicklung wichtiger psychischer Fähigkeiten bei.

Nicht alle Trennungen sind so lustvoll wie diese spielerischen, bei denen das Wiedersehen schon mitgedacht ist und in der Regel unmittelbar oder doch bald erfolgt. Längere Trennungen sind auf unterschiedliche Weise schmerzhaft. Die meist erste regelmäßige und institutionalisierte Trennung von Kind und Mutter ist eine Herausforderung. Kinder erleben Krippen unter erhöhtem Stress. Die Cortisonspiegel sind über den Tag höher als bei einer Betreuung durch die Eltern, ein Aspekt, der langfristige Auswirkungen auf die Entwicklung der Stressbewältigung hat (Metaanalysen z. B. bei Roisman, 2009). Das Ausmaß der Stressreaktion ist unterschiedlich. Gelingende Übergänge – und ein Lernen, wie solche Übergänge bewältigt werden können – sind daher von hoher Bedeutung. Vor dem Hintergrund der Entwicklung von Bindung, Objektkonstanz und der damit verbundenen Fremdenangst (mit ihrem Höhepunkt etwa im 12. bis 15. Lebensmonat) ist eine Fremdbetreuung für das Kind ab der Mitte des zweiten Lebensjahres leichter zu bewältigen.

Auch wenn in Kindergärten stärker als in der Schule um eine persönliche Beziehung zwischen Pädagogin oder Pädagoge und Kind geworben wird – Sicherheit gewinnt ein Kind zunächst in aller Regel in der Bindung an seine Mutter. Die Krippe trennt Mutter und Kind. Eine frühe Trennung erfordert neue Bindungen – Bindungen an eine oder mehrere verlässlich anwesende Personen. Vor dem Hintergrund der Bindungstheorie brauchen Kinder daher langsame, feinfühlig begleitete Übergänge. Aus der Perspektive des Kindes gibt es dabei nicht beliebig viele Anfänge – erste Enttäuschungen wiegen besonders schwer und überschatten weitere Versuche oder tragen dazu bei, nicht noch einmal das Wagnis eines Erkundens einzugehen. Die weitgehende Anerkennung bindungstheoretischer Befunde und empirischer Untersuchungen haben dazu geführt, dass die Eingewöhnung von Kindern bei der Aufnahme in eine Krippe oder einen Kindergarten inzwischen gelebte Praxis ist (z. B. Hédervári-Heller, 2011).

»There is no such thing as a baby« – vom Kind her zu denken, muss die Betrachtung seines Umfelds einschließen. Das Umfeld kleiner Kinder sind zunächst seine Eltern. Das Glück eines Kindes ist daher eng mit dem Glück seiner Eltern verknüpft. Wird die Perspektive des Kindes eingenommen, müssen auch die Wünsche der Eltern bedacht werden; und, wenn Kinder in eine Krippe gehen, auch die Wünsche und Bedürfnisse der Erzieherinnen und Erzieher dort. Gerade für Mütter kleiner Kinder ist es notwendig, mehrere Bindungen zu haben, sich selbst bemuttern zu lassen. Die Anwesenheit eines Vaters und anderer verlässlicher Dritter ermöglicht es einer Mutter häufig erst, feinfühlig auf ihr Kind zu reagieren. Um feinfühlig bleiben zu können, braucht es auch Trennungen und Pausen – nach denen man wieder verliebt ist und sich auf ein kleines Kind freut (▶ Kap. 6).

Viele Bildungsforscher (z. B. Fritschi & Oesch, 2008) betonen die Gewinne für das Kind, die sich aus einer frühen Fremdbetreuung für die Bildung ergeben. Aus psychoanalytischer Sicht werden eher Risiken dieser Trennung beschrieben und benannt. Empirische Ergebnisse zeigen die Notwendigkeit, hier zu differenzieren – je nach sozialem Umfeld, Eigenschaften des Kindes, den Zielen früher Bildung und der Qualität von Krippen und Kindergärten. »Es braucht ein Dorf, um ein Kind groß werden zu lassen« – diese einem afrikanischen Volk zugeschriebene Beobachtung drückt aus, dass eine isolierte Kleinfamilie viele Aufgaben in der Bildung von Kindern nicht leisten kann. In Therapien Erwachsener tauchen manchmal Erinnerungen an Erfahrungen in Kindergärten auf, in denen Erzieherinnen als »Retterinnen« vor schwierigen familiären Erfahrungen und Konflikten beschrieben werden. Erzieherinnen kommt hier die Rolle der als Letzte an das Bett des Säuglings tretenden Fee im Märchen von Dornröschen zu: Sie machen den Fluch der ausgeladenen Fee nicht ungeschehen – Bindungsmuster an eine depressive Mutter und die Identifikation mit ihr können nicht »weggezaubert« werden. Aber sie können sie abmildern. Das Kind kann sich mit diesen Erfahrungen in der Hoffnung auf etwas anderes, etwas Neues weiterentwickeln und später unter günstigeren Bedingungen etwas von dem nachholen, was aufgrund der Lebenssituation in Kindheit und Adoleszenz nicht möglich war.

Die Erfahrung des Übergangs in eine Kita und Krippe beschränkt sich nicht allein auf die Beziehung zu den dort arbeitenden Pädagoginnen – die anderen Kinder sind wichtig. Bei etwas älteren Kindern kann die Bindung an eine Gruppe und die wechselseitige Interaktion unter Kindern die Trennung von den Eltern erleichtern. Sie wird dann auch als lustvoll erlebt. Häufig werden neue Erfahrungen gemacht. Die »horizontalen«, » gleichberechtigten Beziehungen bekommen eine hohe Bedeutung, Freundschaften, Gruppenzugehörigkeiten und Rivalität werden erlebt.

Kinder organisieren diese Gruppenprozesse schon in der Zeit des Kindergartens selbständig und kompetent (*Brandes*, 2008). Die in der Kita beginnenden selbstreflexiven Auseinandersetzungen – »Was kann ich sein, was kann ich haben?« – bereiten auf die Schule und die Latenzzeit vor. Gesellschaftliche Vorstellungen zum Umgehen mit frühen Trennungen und die damit verbundenen Normen verändern sich gerade stark. Ein Akzeptieren früher Trennungen wird in Deutschland heute weitgehend selbstverständlich von Kindern und Eltern erwartet.

## 8.2 Auswirkungen von Betreuung in Krippe und Kita

Empirische Untersuchungen auf der einen Seite und klinische Beschreibungen oder qualitative Studien auf der anderen, zeigen hier unterschiedliche Bilder. Sie werden zunächst kurz dargestellt. Gemessen wird in den meisten quantitativ empirischen Untersuchungen

- die Qualität der Beziehung zwischen Mutter und Kind, meist am Modell der Bindung,
- die kognitive und sprachliche Entwicklung von Kindern,
- ihr soziales Verhalten (oft anhand der offen gezeigten Aggressivität, die kritisch als »Externalisierung«, ein »Nach-außen-Bringen« innerer Spannungen verstanden wird) und die
- Gesundheit.

*Bindungsqualität* wird als ein Maß betrachtet, das mit Gesundheit, Bildungserfolg und Beziehungsfähigkeit korreliert. Sicher gebundene Kinder werden als weniger ängstlich und damit als glücklicher, als weniger gestresst und damit gesünder und als erfolgreicher (weil sicherer in ihrem Explorationsverhalten) angesehen. Bindungssicherheit wird auf diesem Hintergrund als etwas angesehen, das den Zusammenhang von frühkindlicher Sozialisation und späterem Lebenserfolg erklären kann –

sie ist damit eine Mediatorvariable von hoher Bedeutung. Studien (zusammenfassend NICHD, 1999) zeigen hier:

- Krippen haben wenig Einfluss auf die Qualität der Bindung zu den Eltern, zumindest dann, wenn diese Bindung mehr oder weniger stabil und gut ist. Dies gilt selbst dann, wenn Kinder früh und lange in Krippen untergebracht sind.
- Krippenbetreuung hat Einfluss auf die Bindung zu den Eltern, wenn diese Bindung vorbelastet ist. Groß ist der Einfluss auch dann nicht. Aber hier hängt eine schlechte und zeitlich ausgedehnte Krippenbetreuung mit einer weiteren Beeinträchtigung der Bindungsqualität zu den Eltern zusammen. Gute Krippenbetreuung wirkt dagegen hilfreich. Sie verbessert die Bindung des Kindes, auch wenn diese an den Beziehungen zu seinen Eltern gemessen wird.

Weniger eindeutig als bei der Bindung ist die Studienlage in Hinsicht auf einen Einfluss von Krippenerziehung auf die *kognitive Entwicklung*: Wenn Kinder im Elternhaus optimal gefördert werden, ist unsicher, ob eine Krippe einen weiteren positiven Einfluss hat. Zur Förderung gehören dann Geschwister, Musik, Raum und Bewegung, gemeinsame Gespräche und Unternehmungen in der Familie sowie liebevoll verbundene Eltern mit ihren Eltern, den Großeltern, mit Freunden und mit Zeit. Wenn dieser wünschenswerte Zustand in einer Familie nicht gegeben ist, dann trägt Krippenerziehung positiv zur Bildung bei. Es ist offen, ob das daran liegt, dass sich die kognitiven Fähigkeiten nach einem Krippenbesuch steigern (das scheint vorübergehend, aber auch nur vorübergehend der Fall zu sein), oder ob es die frühe Erfahrung der Trennung von der Familie ist, die es Kindern auch später ermöglicht, sich in ihrem Lebensweg von den Eltern zu trennen – und zum Beispiel das elterliche Milieu zu verlassen und über Bildung aufzusteigen. Krippenbesuch erhöht für Kinder aus bildungsfernen Familien deutlich die Wahrscheinlichkeit, später auf ein Gymnasium zu gehen (Fritschi & Oesch, 2008).

Krippenerfahrung wirkt sich also je nach sozialer Situation der Eltern – und natürlich je nach Qualität der Krippe und Temperament eines Kindes – unterschiedlich auf die Bildung kleiner Kinder aus. Auch das

Geschlecht eines Kindes ist eine Variable, die für die Bildungsdiskussion von Bedeutung ist. Ohne frühe Erfahrungen mit Drei- und Mehrpersonenbeziehungen scheint es Jungen schlechter als Mädchen zu gelingen, sich später an die Schule anzupassen (Dammasch, 2008; siehe auch Ahnert, 2006). Jungen fehlt häufig die Möglichkeit, sich mit einem regelmäßig anwesenden Vater oder einer anderen verlässlichen männlichen Bezugsperson zu identifizieren. Sie sind stärker als Mädchen abhängig von der »Triangulierungskompetenz« ihrer Eltern und dabei besonders von einer Sicherheit und Flexibilität vermittelnden Präsenz eines Vaters, der mit der Mutter liebevoll verbunden ist.

Steht einem Jungen die Möglichkeit in einer Krippe zur Verfügung, »triadische Beziehungskonstellationen« zu erleben (neben der Mutter gibt es eine Erzieherin und andere Kinder, vielleicht sogar einen Erzieher), so kann ein Mangel an präsenten Vaterfiguren teilweise kompensiert werden. Dies scheint sich besonders bei Jungen günstig auf die weitere Entwicklung auszuwirken. Aggressives Verhalten wird durch eine frühe Fremdbetreuung nicht verstärkt. Gefunden wurden geringe Veränderungen in Hinsicht auf Kooperation, Gehorsam und Aggressivität der Kinder dann, wenn Betreuerinnen häufig wechselten (NICHD, 1999).

Kinder, die früh in Krippen kommen, haben vorübergehend mehr Infekte, sind häufiger krank und versorgungsbedürftig. Wie dieser Befund zur *Gesundheit* von Kindern bewertet wird, ist wieder vom individuellen Kind und der Einstellung seiner Eltern abhängig. Die Frage, ob es wünschenswert ist, Kinder vor Kontakten zu anderen Kindern zu bewahren und damit das Immunsystem nicht zu belasten, wird unterschiedlich beantwortet. Bei »zarten« Kindern kann ein Schutz vor Infektionen sinnvoll sein. Es gibt aber auch Hinweise darauf, dass chronische Erkrankungen wie Allergien, Asthma, Autoimmunerkrankungen mit einer geringen Stimulation des Immunsystems in den ersten Lebensjahren zusammenhängen. Die häufigeren Infekte von Krippenkindern können sich also langfristig günstig auswirken – Krippenbesuch ist hier Risiko und Chance zugleich.

Vor dem Hintergrund eines idealisierenden Bildes der Kind-Mutter-Beziehung wird das frühe Hinzutreten eines oder mehrerer anderer auf Kosten der mit der Mutter verbrachten Zeit häufig als störend gesehen

– z. B. als störend für die Entwicklung einer sicheren Bindung. Die hier referierten Ergebnisse unterstützen diese Auffassung nicht. Sie sprechen dafür, dass es hilfreich sein kann, wenn Kinder früh unterschiedliche Beziehungserfahrungen machen dürfen. Aus anderer Perspektive wird die frühe und langdauernde Trennung der Kinder von ihren Müttern aber beklagt. Lebenslang anhaltende gesundheitliche Folgen werden von Psychotherapeutinnen und Psychotherapeuten beschrieben. Die Risiken sind vielfältig (aus psychoanalytischer Sicht z. B. Ludwig-Körner, 2007). Sie können sowohl in der direkten Beobachtung kleiner Kinder als auch in Erzählungen erwachsener Menschen über ihre Erfahrungen in außerfamiliärer Betreuung erfasst werden. So beschreibt Hardin (2008), dass eine frühe Erfahrung von Verlust und Trennung eine Entfremdung zwischen Mutter und Kind mit sich bringe, verbunden mit Schwierigkeiten, Intimität in späteren Partnerschaften zu erleben. Vor allem die Leugnung des Verlustes als Ursache kindlicher Trauer beschreibt er als Gefahr. Patienten, die früh in Krippen kamen, trügen häufig eine schwer fassbare, oft »tapfer« wie selbstverständlich ausgehaltene Traurigkeit mit sich – wie über einen wenig beschreibbaren Verlust. Es scheint so, als werde das potentielle »Gute« eines »Ankommens« bei einem anderen Menschen nicht erkannt, nicht »wieder« erkannt. Er beschreibt auch, »dass die Angst einer Mutter, die Liebe ihres Kindes an jemand anderen zu verlieren, ein wesentliches Hindernis darstellt, Probleme der außerfamiliären Betreuung zu erkennen und zu lösen« (S. 137). Die Ambivalenz der Eltern gegenüber einer Trennung von ihrem Kind erschwere oft die Wahrnehmung der Interessen des Kindes. Vor dem Hintergrund der klinischen Erfahrungen mit den »Langzeitfolgen von kindlichen Entwicklungsbedingungen« und unter Einbezug von Ergebnissen empirischer Studien hat die Deutsche Psychoanalytische Vereinigung in einem Memorandum auf die Folgen und Gefährdungen von Trennungen in der frühen Entwicklung von Kindern hingewiesen und Belastungsfaktoren aufgeführt, die zu sozialem Rückzug, innerer Unruhe, Aufmerksamkeitsstörungen und Konzentrationsdefiziten führen (DPV, 2008).

Den Risiken einer Trennung werden vor allem aus pädagogischer Sicht bessere Bildungserfolge in und mit der Fremdbetreuung kleiner Kinder gegenübergestellt (siehe oben). Aber auch aus psychoanalytischer Perspektive können Entwicklungschancen genannt werden, die mit einer gelingenden Trennung von den Eltern verbunden sind. Liegen keine positiven Erfahrungen mit Trennungen von der Ursprungsfamilie vor, erhöht sich das Risiko, in der Schule, im Studium oder im Examen zu scheitern. Möglicherweise erleichtert eine frühe, gut gelingende Erfahrung von Trennung und Wiederbegegnung diese späteren Trennungs- und Entwicklungsschritte. Das Leben in einer Kleinfamilie ist nicht selbstverständlich ideal und beglückend für Kinder. In psychoanalytischen Therapien tauchen daher im Zusammenhang mit Trennungen auch immer wieder Nachbarinnen, Erzieherinnen, Lehrer auf, die mit ihren neuen Beziehungsangeboten als »Retter« erlebt wurden. Ein junger Mann sagt in der Analyse: »Ich fange erst an zu existieren, wenn Mama weg ist ... Sie füllt den ganzen Raum aus.« Er weist damit auf die Notwendigkeit und die entwicklungsfördernde Funktion von Trennungen hin. Und eine Frau mit chronischer Suizidalität schildert eine Erzieherin, die ihr vorlas, als »meine Rettung« und eine Identifikationsfigur, deren Bild ihr half, sich gegen eine bedrückende Konformität in ihrer Familie zu behaupten – einen zweiten, anderen inneren Ort zu finden.

Dornes (2008) weist auf die unterschiedlichen Befunde aus quantitativ-statistischen Studien und qualitativen Beobachtungen hin. Aus statistischen Zusammenhängen – und auch aus dem Fehlen solcher Zusammenhänge – lassen sich nur eingeschränkt Empfehlungen für ein individuelles Kind ableiten. Die Untersuchung von Mediatorvariablen in großen Studien hilft hier etwas weiter. Eine Metaanalyse zum Einfluss mütterlicher Berufstätigkeit im zweiten und dritten Lebensjahr (Lucas-Thompson et al., 2010) zeigte, dass mütterliche Berufstätigkeit in der Gesamtgruppe aller Kinder mit besseren Leistungen der Kinder einherging. Es ist dabei offen, ob es sich hier um einen kausalen Zusammenhang handelt oder Berufstätigkeit und Leistungen der Kinder durch die Wirkung eines gemeinsamen dritten Faktors (z. B. den Bildungstand der Eltern) miteinander verknüpft sind. Für Subgruppen sind die Zusammenhänge unterschiedlich: Während bei Kindern aus »bildungsfernen« Familien mütterliche Berufstätigkeit mit besseren Leistungen der Kinder korreliert, kehrt sich das in bildungsnäheren Familien und dann, wenn Mütter und Väter beide zur Verfügung standen, um:

Hier korreliert außerfamiliäre Betreuung mit einem geringeren Bildungserfolg der Kinder. Auch eine Betreuung im ersten Lebensjahr des Kindes war mit schlechteren Leistungen des Kindes verbunden. Zwar sind die Effekte nicht groß – die Autoren schreiben, dass sie elterliche Sorgen zur außerfamiliären Betreuung ihrer Kinder zerstreuen möchten. Sie folgern aber auch, dass eine längere Mutterschaftszeit (wie sie in Deutschland gegeben ist) wünschenswert sei. Der Einfluss früher außerfamiliäre Betreuung auf die kindliche Entwicklung hänge von der sozialen Situation der Familien und anderen Variablen ab. Leistung der Kinder – wie sie hier untersucht wurde – ist nur ein Faktor in der Entwicklung von Kindern. Generalisierende Vorschläge, so kann aber zusammengefasst werden, sind vor dem Hintergrund der differenzierten Ergebnisse und Beobachtungen nicht hilfreich. Für ein individuelles Kind und seine Familie müssen spezifische Lösungen gefunden werden. Entwicklungspsychologische Überlegungen können dabei helfen, Eltern eine gute Wahl zu ermöglichen: Welche Kinder brauchen eine Krippe und Kita? Wer gedeiht besser in seiner Familie? Wie lange sollten die Betreuungszeiten außerhalb der Familie sein?

## 8.3 Trauer und Depression bei Trennungen

John Bowlby und Rene Spitz haben über die Beobachtung von Kindern, die von ihren Eltern getrennt waren, zeigen können, dass Kinder auch in den ersten Lebensjahren eine Depression entwickeln können und dass diese Reaktion mit dem Verlust oder der Trennung von der Mutter verbunden ist. Bowlby beschrieb diese Kinder als teilnahmslos, ohne Interesse und von Gefühlen der Leere beherrscht (1953). Spitz filmte Säuglinge und Kleinkinder in Waisenhäusern. Die Sterblichkeitsrate war dort trotz guter Pflege und medizinischer Versorgung hoch. Spitz konnte in seinen Beobachtungen lang anhaltende Trauer und eine Form von auffälligem Verhalten mit Freudlosigkeit, Apathie, gestörtem Schlaf, stereotypen Bewegungen und Selbststimulation zeigen, die er als »anaklitische« Depression bezeichnete. Sie kann zum Tod führen – die Kinder »lassen sich sterben«. Spitz stellte mit dieser Konzeptualisierung die Einheitlichkeit depressiver Erkrankungen und die Notwendigkeit von konflikthaftem Erleben für die Ausbildung einer Depression in Frage. Seine Beobachtungen wurden auch für ein Verstehen Erwachsener mit depressiven Erkrankungen genutzt.

Ludwig-Körner (2007) fragt »Sind Kinderkrippen gut genug?« angesichts der Beobachtung, dass kleine Kinder in Krippe und Kita häufig unter unglücklichen Bedingungen betreut werden müssen. Der Stellenschlüssel ist in der Regel unzureichend, der Wechsel der Bezugspersonen oft rasch, pädagogische Interaktionen häufig auf Ermahnungen und Kritik beschränkt. Daraus folgt, dass die Bedingungen der Arbeit verbessert werden müssen (Early et al., 2007), damit Pädagoginnen und Pädagogen ihre intuitiven Kompetenzen und ihr Wissen umsetzen können. Selbstreflexion von Erzieherinnen und Erziehern ist aus psychoanalytischer Sicht für die Gestaltung von Beziehungen zu den Kindern von hoher Bedeutung (Staats, 2014). Das implizite Beziehungswissen von Erzieherinnen und Erziehern und die mit Konflikten einhergehenden Abwehrmechanismen haben einen erheblichen Einfluss auf die Wahrnehmung kindlicher Entwicklungen. Aussagen wie »Das Kind möchte nur Aufmerksamkeit!« und daraus resultierendes Ignorieren des Gefühlsausdrucks des Kindes können mit eigenen, nicht reflektierten Erfahrungen (z. B. in der eigenen Zeit in der Krippe) verbunden sein. Ein Erkennen dieser eigenen »Gespenster« (Fraiberg et al., 1975) hilft bei deren Vertreibung – ermöglicht dann z. B. ein einfühlendes Verstehen von Trauer und Bedürftigkeit eines Kindes angesichts von Trennungen.

## 8.4 Familie und Fremdbetreuung: Die Eingewöhnung

Auch wenn die Wichtigkeit der Qualität der Arbeit in Krippen und Kitas betont wird – die Qualität der Eltern-Kind-Beziehungen bleibt der einflussreichste Faktor für die Entwicklung eines Kindes. Das Erleben der Familie durch das Kind ist hier entscheidend. Es kann sich durch eine außerfamiliäre Betreuung verändern. Gute außerfamiliäre Betreuung wirkt sich bei einer belasteten Mutter-Kind-Beziehung positiv aus, Betreuung von schlechter Qualität verschlechtert eine bereits belastete Mutter-Kind-Beziehung weiter (NICHD, 1999; Dornes 2008).

Dies kann als eine beruhigende Botschaft verstanden werden.

> »Die Familie bleibt somit auch unter sich wandelnden Bedingungen des Aufwachsens nach wie vor die wichtigste Sozialisationsinstanz. Sie trägt deshalb weiterhin die Hauptverantwortung für die in ihr groß werdenden Kinder« (Dornes, 2008, S. 198–199).

Zugleich können diese Befunde auch beunruhigen – legt die Familie damit nicht auch auf eine beängstigende Weise den späteren Lebensweg fest und behindert so z. B. soziale Aufstiegschancen eines Kindes? Vor diesem Hintergrund ist von psychoanalytischen Autoren auch ein (zu) großer Einfluss von Müttern auf die Entwicklung ihrer Kinder in unterschiedlicher Form beschrieben worden. Milsch (2014) spricht von der »heimlichen Diktatur der Muttis«, die nicht hinterfragt werde und eigene Beziehungserfahrungen durch Kontrolle verhindere. In der französischen psychoanalytischen Schule (z. B. Olivier, 1991) wird weniger die Trennung von der Mutter als die zu große Nähe von Kind und Mutter als Entwicklungsschwierigkeit gesehen. Auch Lacan sieht Mutter und Kind in Illusionen und Verkennungen voneinander abhängig und miteinander verstrickt – eine bessere Wahrnehmung der Wirklichkeit ergibt sich erst durch das Hinzutreten eines Dritten (Lempa, 2015). Die dominierenden psychoanalytischen Theorien stimmen hier mit den kulturell vermittelten Überzeugungen (einer selbstverständlichen frühen und ausgedehnten Fremdbetreuung kleiner Kinder) in Frankreich überein. In Deutschland dagegen wird in der psychoanalytischen Diskussion vor dem Hintergrund bindungstheoretischer Konzepte eher die Bindung zur Mutter als zu bewahren und die Trennung als gefährdend beschrieben (siehe hier auch die in Kapitel 5 beschriebene Bedeutung von »Allomüttern« in dem Konzept von Hrdy; ▶ Kap. 5).

Wenn die gesellschaftlichen Vorstellungen und Kulturen so einen deutlichen Einfluss haben, sind auch spekulative Überlegungen zu den psychischen Folgen der gesellschaftlichen Entwicklungen in Deutschland von Interesse. So ist aus Beobachtungen in der Arbeit mit Familien deutlich geworden, dass vielen Eltern, die bereits früh in altershomogenen Gruppen in Kita und Krippe sozialisiert wurden, intuitive elterliche Kompetenzen nicht gut zugänglich sind. Sie orientieren sich stattdessen an einem pädagogischen Umgehen mit ihren Kindern als Modell elterlichen Verhaltens. Dies ist der nicht bewusste Teil ihres impliziten Beziehungswissens. Ein lustvolles Zusammensein mit einem Kind wird vor diesem Hintergrund wenig erlebt. Eltern mit diesem Erfahrungshintergrund und ohne jüngere Geschwister lassen sich dann wenig von dem Erkundungs- und Spielverhalten ihres Kindes leiten, vermutlich, weil sie das selbst nicht oder wenig in Interaktionen mit ihren Eltern erlebt haben.

Vor diesem Hintergrund wird die »Eingewöhnung« eines Kindes manchmal noch als unnötig oder als »übertriebener Aufwand« betrachtet. Ein Kind einzugewöhnen, ist für alle Beteiligten eine Herausforderung. Für die Eltern ist die Trennung vom Kind in der Regel mit ambivalenten Gefühlen verbunden. Sie sind hin- und hergerissen zwischen eigenen Wünschen nach mehr Unabhängigkeit und besseren Möglichkeiten zu arbeiten, die ihnen die Betreuung ihres Kindes in einer Krippe oder Kita bietet, dem mit einer Trennung verbundenen Schmerz und oft auch einer Furcht, die Liebe ihres Kindes an jemand anderen zu verlieren. Es ist gut, wenn das Kind sich bei der Mutter vergewissern kann, dass es sich trennen und neue Bindungen eingehen darf. In »klassischen« Familienkonstellationen übernimmt oft der Vater des Kindes die Eingewöhnung und erspart damit der Mutter etwas von dem Durchleben eigener Ambivalenz bei der Trennung von ihrem Kind. Es scheint manchmal so, als sei er die Trennungen bereits besser gewohnt und könne es auch seinem Kind dadurch leichter ermöglichen, sich vorübergehend von ihm zu trennen und darauf zu vertrauen, dass er wiederkommen wird. Damit eine solche vorübergehende Trennung gut möglich wird, müssen Pädagoginnen und Pädagogen den Trennungsschmerz der Kinder wahrnehmen und anerkennen können. Diese Anerkennung des Leides ist notwendig, bevor zu etwas anderem übergegangen werden kann – ein schnelles »Ablenken« erschwert das Verarbeiten der Trennung. Auch der Wechsel in eine neue Gruppe oder eine Krippe oder einen Kindergarten an einem anderen Ort erfordert jeweils eine neue Eingewöhnung (oft, aber nicht immer, gelingt diese rascher). Ein Kind ist nicht, »ein für allemal« eingewöhnt – mit dem Verlust der sichernden Bindungsperson in der alten Gruppe oder Kita braucht es am neuen Ort wieder den Aufbau einer Bindungsbeziehung zu einer Person, die dort regelmäßig und zuverlässig präsent ist, um Sicherheit zu geben und bei Bedarf trösten zu können (Staats, 2014).

Kinder erleben in Krippe und Kita neben fördernden Beziehungen zu Pädagoginnen und Pädagogen auch die Beziehungen zu anderen Kindern, sie finden und erproben Freundschaften und das Zusammengehörigkeitsgefühl in unterschiedlichen Gruppen. Die Erfahrung der Zugehörigkeit zu einer Gruppe wird von Erziehern und Lehrern regelmäßig unterschätzt. Ahnert (2006) beschreibt, wie Bindung zwischen Kindern und Erzieherin auch über die Gruppenatmosphäre stattfindet sowie durch ein Beobachten von Interaktionen der Erzieherin mit anderen Kindern, mit denen es sich identifiziert. Dieser Gruppenprozess wird in Krippen häufig noch zu wenig wahrgenommen und genutzt, die Beziehungen der Kinder untereinander und zu der Gruppe als Ganzem vernachlässigt. Gut zu beobachten ist das Glück auch kleiner Kinder in Krippen, wenn sie dort auf andere Kinder treffen. Kinder suchen aktiv diese Beziehungserfahrungen, die sie in der Regel zu Hause wenig haben. Die Integration in eine und später mehrere Gemeinschaften ist zentraler Teil der Bildung von Identität. Er wird mit dem Wechsel in die Schule und der Integration in eine Klassengemeinschaft noch deutlicher. Der Wechsel vom Kindergarten in die Schule geht zeitlich mit dem Abschluss ödipaler Konflikte und dem Beginn der sogenannten »Latenzphase« einher.

Für die Betrachtung außerfamiliärer Betreuung in den ersten Lebensjahren können so zusammenfassend unterschiedlichen Perspektiven beschrieben werden.

- Aus Sicht des Kindes ist nicht das Sträuben gegen eine Trennung das Problem. Die Trennung an sich kann überfordern und dem Kind nicht angemessen sein,
- die Ambivalenz der Mutter gegenüber einer Trennung kann das Kind in Konflikte bringen und Trennung erschweren
- und die Interaktion zwischen Kind und Mutter kann eine mit der außerfamiliären Betreuung einhergehende Erweiterung zu einem triadischen System behindern.

## 8.5 Aggression und gewalttätiges Verhalten

Definitionen und Operationalisierungen von aggressivem und gewalttätigen Verhalten unterscheiden sich in Studien deutlich; sie können als Ausdruck impliziter Haltungen der Untersucher gesehen werden. Aus psychoanalytischer Sicht erschwert eine Gleichsetzung von Aggression und Destruktion das Verstehen von Beziehungen. Aggression wird als wichtiger Teil der Regulation von Beziehungen verstanden. Das Erleben von aggressiven Affekten und Verhaltensweisen ist wichtiger Bestandteil von Trennungsprozessen. Konzepte zur Aggression werden daher an dieser Stelle aufgegriffen und erneut in der Darstellung der Adoleszenz im Folgeband dieses Buches.

Aggression kann unterschieden werden in reaktive Aggression (als Folge von Frustration; subjektiv nicht lustvoll) und als proaktive Aggression im Sinne der Verteidigung und Erweiterung der eigenen (Revier-)Grenzen (kann lustvoll sein). Reaktive Aggression beschreibt ein impulsives, defensives Verhalten, welches sich auf eine reale oder wahrgenommene Bedrohung bezieht. Das Erreichen eines erwünschten Zieles wird unter proaktiver Aggression verstanden. Die Bereitschaft zu aggressivem Verhalten ist individuell unterschiedlich; genetische Faktoren und intrauterine Einflüsse sind gesichert, Unterschiede zwischen den Geschlechtern beschrieben. Gewalt wird mit der – mangelnden – Steuerung und Sozialisation aggressiven Verhaltens begründet. Viele Arbeiten grenzen Gewalt wenig von aggressivem Verhalten ab und fassen beides unter dem Gesichtspunkt mangelnder emotionaler Regulation zusammen. Dodge, Coie und Lynam (2006) verstehen unter aggressivem Verhalten eine Verhaltensweise, die die Schädigung anderer zum Ziel hat und unterscheiden zwischen körperlicher und relationaler Aggression (Helmsen & Petermann, 2010). Aus biologischer Sicht wird beschrieben, wie Gewalt zu einer Steigerung des Testosteronspiegels führt – ein Effekt, der als angenehm erlebt wird und zu einem Bedürfnis nach Wiederholung führt. Erfahrungen familiärer Gewalt sind mit mehr gewalttätigem Verhalten bei Kindern und später bei Erwachsenen verbunden. Dies kann als ein Selbstheilungsversuch verstanden werden. Ein Ausüben von Gewalt wird dann lustvoll erlebt, weil es mit dem Erleben von Bemeisterung verbunden ist. So kann die Entwicklung von Traumafolgestörungen eingeschränkt oder vermieden werden. Hier finden sich Verbindungen zu psychoanalytischen Konzepten wie dem der projektiven Identifizierung.

**Todestrieb und duale Triebtheorie**

Freud (1920) führt eine dualistische Theorie der Triebe ein, die umstritten blieb. Er unterscheidet einen Lebenstrieb (mit Sexualität und Libido verbunden) und einen Todestrieb. Während Lebenstrieb und Libido hin zur Integration von Unterschieden und zur Bildung von Komplexität beitragen, führt der Todestrieb und die ihm zugehörige »Destrudo« zum Abbau von Komplexität und zur Zerstörung von Zusammenhängen. Der Todestrieb greift hier das physikalische Prinzip der Entropie auf und überträgt es auf Lebensprozesse. Die Konzeption eines Todestriebs wurde oft als spekulativ sowie klinisch und entwicklungstheoretisch wenig fruchtbar beschrieben. Freud betont, dass das Individuum auf den Tod hin »getrieben« werde. Aufgrund des Lebenstrieb werde die Kraft des Todestriebs nach außen projiziert – dort erscheint sie als Aggression und als destruktiver, auf andere gerichteter Antrieb. Todes- und Lebenstrieb sind in der Regel eng miteinander gemischt. Freud benutzt das Bild der »Legierung« von Metallen – aus zwei Grundstoffen entsteht etwas Eigenes (1933). Er weist darauf hin, dass eine »Triebentmischung« zur Bildung von Symptomen führe – »reine« Aggression oder Liebe ohne Autonomie können intrapsychisch oder gesellschaftlich nur schwer in Beziehungen gelebt werden. Eine »Entmischung« von Aggression und Libido wird dann entwicklungspsychologisch als Regression verstanden und geht mit regressiven Entwicklungen auf anderen Gebieten (etwa strukturell mit dem Verlust von Mentalisierungskompetenz) einher. Rosenfeld (1971) stellt das Konzept einer Entmischung in Frage – für ihn verbinden sich Lebens- und Todestrieb bei destruktiven Prozessen in einer anderen Form, die dann analysiert werden muss –, isolieren ließen sich die beiden Triebkräfte nicht. Die Idee, Aggression als einen »Trieb« zu erfassen, führt auch aufgrund der oben geschilderten unterschiedlichen Formen von Aggression zu erheblichen Schwierigkeiten. Zahlreiche Verbindungen zu anderen Konzepten (der Triangulierung, Lacans Theorien, der Objektbeziehungstheorien) werden diskutiert. Müller-Pozzi verweist auf die Konzeption eines Gegensatzes von Sexual- und Selbsterhaltungstrieben. Aggression sei vor diesem Hintergrund vom Konzept eines Todestriebs zu lösen. Sie müsse anders, nicht vorwiegend als destruktiv konzeptualisiert werden (Müller-Pozzi, 2002). Hier finden sich Verbindungen zu der oben beschriebenen Unterscheidung zwischen reaktiver und proaktiver Aggression. Andererseits hat sich das umfassende, spekulative Konzept eines »Todestriebs« mit seinen interpersonellen Anteilen für klinische und gesellschaftliche Überlegungen als fruchtbar erwiesen. Hier kann z. B. Aggression als Projektion in die Außenwelt betrachtet werden oder als ein Ergebnis vielfach moderierter Aushandlungsprozesse in der Entwicklung eines Kindes.

Aus empirischer Sicht besteht Übereinstimmung darin, dass Aggression nicht gelernt, sondern verlernt wird. Ein Höhepunkt aggressiven Verhaltens liegt im zweiten Lebensjahr. Aufgrund ihres Temperaments und ihrer Lebenssituation ist bereits bei Kleinkindern ein unterschiedlich stark ausgeprägtes aggressives Verhalten zu erkennen. Die Sozialisation in Beziehungen führt dann zu einer zunehmenden Kontrolle aggressiven Verhaltens. Aus psychoanalytischer Sicht kann dies als eine »Legierung«, ein Zusammenschmelzen von Liebe und Aggression beschrieben werden. Die soziale Überformung von Aggression beim Menschen ist besonders wichtig. Über die Symbolisierungsfähigkeit und über gruppendynamische Faktoren kann das Erleben von Aggression von konkreten Interaktionen weitgehend gelöst werden. Gewalt gegen andere Gruppen wird dann in sozialen Auseinandersetzungen oder in Kriegen gerechtfertigt, Hemmungen gegen Gewalt geschwächt. Wenn wenig gehemmte Gewalt mit sozialer Macht und Einfluss verbunden ist, fördert dies aggressives Verhalten. Häufig werden Schwierigkeiten mit der Regulation aggressiver Impulse in der Adoleszenz deutlich. Für die Entwicklung von Gewalt in der Adoleszenz sind daher vorangegangene Entwicklungen ebenfalls entscheidend. Hier findet sich ein Schwerpunkt psychoanalytischer Konzepte und Ansätze (hierzu ausführlicher in Staats, 2019b).

Für die spätere Entwicklung von gewalttätigem Verhalten sind vorangegangene Entwicklungen von großem Einfluss. Eine Steuerung von Gewalt wird über ein Spielen (meist mit Vätern) eingeübt, das von Rangeln und Raufen geprägt ist. Hier lernen Kinder die Steuerung eigenen aggressiven Verhaltens in einer liebe- und lustvollen Beziehung. Die Bereitschaft zum Raufen und Rangeln wird als »Rough and tumble Play (RTP)« (rauhes und umwerfendes Spielen) konzeptualisiert und untersucht (z. B. Flanders et al., 2012). Hier erfahren Kinder ihre eigenen physischen und sozialen Kräfte und können – in der überlegenen Kraft ihres Vaters gehalten – Risiken eingehen und erfahren, wie stark sie sind. Grenzsetzungen werden eingeübt, was für die Entwicklung in der Emotionsregulation von hoher Bedeutung ist. Hier wird aggressives Verhalten als lustvoll erlebt und zugleich in Interaktion mit einer geliebten Person sozialisiert. Die biologisch determinierte Neigung zu RTP ist bei Mädchen und Jungen unterschiedlich häufig (bei Jungen häufiger); sie wirkt sich je nach der sozialen Umwelt eines Kindes und seinem Geschlecht unterschiedlich auf den beruflichen und sozialen Erfolg im späteren Leben aus.

Oft wird RTP von Erwachsenen fälschlicherweise mit echter Aggression verwechselt, obwohl die Kinder währenddessen lachen und vor Freude jauchzen – das »Spielgesicht« wird von beiden Seiten wahrgenommen, sein Verschwinden führt zum sofortigen Abbruch des RTP.

Die Grenzsetzungen bei dieser Form des Spielens sind auch deshalb bedeutungsvoll, weil offene Aggression (wie sexuelles Begehren) in der dyadischen Interaktion von Eltern und Kind in der Regel *nicht markiert gespiegelt* wird: die Selbst-Objekt-Differenzierung ist damit für Aggression und erotisches Begehren weniger fest etabliert als für andere Affekte. Dies kann als entwicklungspsychologisch sinnvoll betrachtet werden (Aggressives und erotisches Verhalten *sollen* aus entwicklungsbiologischer Sicht den anderen »anstecken«).

RTP ist eng mit dem Konzept der Mentalisierung bei der Entstehung von Gewalt verbunden. Reaktiv-aggressive Kinder zeigen geringere Mentalisierungskompetenzen als proaktiv-aggressive Kinder, die auch besonders gut im Erkennen des jeweiligen emotionalen Ausdrucks ihres Gegenübers sind. Gewalt (vor allem reaktive Gewalt) wird so mit einer Hemmung des Mentalisierens in Verbindung gebracht. Dem Gegenüber werden aufgrund einer Mentalisierungshemmung oder einer verminderten Mentalisierungsfähigkeit keine innerpsychischen Befindlichkeiten zugeschrieben.

Da die entstehende Erregung nicht psychisch (etwa durch Wahrnehmung und Reflexion der eigenen Affekte oder durch ein Mitfühlen und Verstehen des Gegenübers) moderiert werden kann, werden körperliche Handlungen zur Regulierung genutzt. Eine Unfähigkeit, ausreichend zu mentalisieren, verändert auch die normale negative emotionale Reaktion, die sich einstellt, wenn sich das Gegenüber schlecht fühlt. Fonagy et al. (1997) sind der Auffassung, dass diese negative emotionale Reaktion auf die Verzweiflung eines Gegenübers die Grundlage für moralisches Verhalten darstellt. Die Hemmung, andere zu verletzen, basiert vermutlich auf der Fähigkeit, sich die mentalen Befindlichkeiten eines potenziellen Opfers vorstellen zu können. Die Vorstellung der innerpsychischen Befindlichkeiten eines Opfers ist dann selbst (über das Mitfühlen) schmerzhaft (Fonagy et al., 1997, S. 255). Empirische Studien konnten die These bestätigen, dass bestimmte Delinquente nicht über die Fähigkeit verfügen, die Verzweiflung eines Opfers zu mentalisieren (Übersicht bei Taubner, 2008).

Winnicott (1979) sieht Aggression als notwendig für die Fähigkeit an, sich von anderen zu trennen und Beziehungen aufzubauen. Psychoanalytische Autoren sind früh gegen eine zu starke Beschränkung aggressiven

Verhaltens, eines »Brav seins« (Anna Freud, 1935, Psychoanalyse für Pädagogen), bei Kindern eingetreten. Vor allem in den kleinianischen Konzepten findet sich eine deutliche, angstarme Beschäftigung mit aggressiven und destruktiven Wünschen und Impulsen, die bereits bei kleinen Kindern zu finden sind (Klein, 1962; Rosenfeld, 1971). Programme zur Prävention und zum Umgehen mit Verhaltensauffälligkeiten für Kita und Grundschule sind in Fröhlich-Gildhoff (2013) beschrieben.

## Zusammenfassung

Der Eintritt in die Kinderkrippe bzw. den Kindergarten ist ein einschneidendes Erlebnis im Leben des Kindes und der Eltern. Gelingende Übergänge sind daher von hoher Bedeutung. Bildungsforscher betonen die Gewinne für das Kind, die sich aus einer frühen Fremdbetreuung für die Bildung ergeben. Aus psychoanalytischer Sicht werden eher Risiken dieser Trennung beschrieben. Benannt wird aber auch die Notwendigkeit einer Trennung von der Mutter für die weitere Entwicklung des Kindes. Krippenbetreuung hat vor diesem Hintergrund besonders dann Einfluss auf die Entwicklung eines Kindes, wenn die Beziehung zu den Eltern belastet ist. Hier kann schlechte und zeitlich ausgedehnte Krippenbetreuung zu einer zusätzlichen Beeinträchtigung der Bindungsqualität führen, gute Krippenbetreuung dagegen hilfreich wirken. Vor allem Kinder aus »bildungsfernen« Familien scheinen aus einer frühen Betreuung in Kita und Krippe Nutzen zu ziehen. Neben der sozialen Situation der Familien haben weitere Variablen Einfluss auf den Erfolg einer außerfamiliären Betreuung. Trennungen von wichtigen Beziehungspersonen erfolgen nicht nur durch den Übergang in Krippe und Kita, sondern auch durch Scheidungen der Eltern. Patchworkfamilien stellen vor besondere Anforderungen. Generalisierende Aussagen werden daher den individuellen Wünschen und Interessen der Kinder und Eltern wenig gerecht.

Trennungen von der Mutter können schon in den ersten Lebensjahren eines Kindes mit der Entwicklung depressiver Symptome einhergehen. Angesichts von häufig unzureichenden Bedingungen bei der Arbeit in Krippen und Kitas sind Verbesserungen der Qualität dieser Arbeit notwendig.

## Literatur zur vertiefenden Lektüre

Dornes, M. (2008). Mütterliche Berufstätigkeit und kindliche Entwicklung. *Psyche Z Psychoanal 62*, 182–201.

DPV (2008). Memorandum der Deutschen Psychoanalytischen Vereinigung. Krippenausbau in Deutschland – Psychoanalytiker nehmen Stellung. *Psyche Z Psychoanal 62*, 202–205.

Lucas-Thompson, R. G., Goldberg, W. A. & Prause, J. (2010). Maternal Work Early in the Lives of Children and Its Distal Associations With Achievement and Behavior Problems: A Meta-Analysis. *Psychological Bulletin 136*, 915–942.

Müller-Pozzi (2002). Die Aggression und der Todestrieb. In: Müller-Pozzi, *Eine Triebtheorie für unsere Zeit.* Bern: Huber.

Scheerer, A. K. (2008). »Mein Baby wird keine Probleme machen …« Konfliktdiagnosen im Zusammenhang mit früher außerfamiliärer Betreuung. *Psyche Z Psychoanal 62*, 118–135.

Staats H. (2014). *Feinfühlig arbeiten mit Kindern. Psychoanalytische Konzepte für die Praxis in Kita und Grundschule.* Göttingen: Vandenhoeck & Ruprecht.

## Fragen zum weiteren Nachdenken

- Erwarten Sie Veränderungen der Konflikte oder der Struktur von Erwachsenen durch eine zunehmende Fremdbetreuung als Kind in den ersten drei Lebensjahren?
- Inwieweit sind frühe Trennungen durch eine Verbesserung der Qualität von Krippen und Kitas besser zu bewältigen?
- Welche Anregungen bringt es mit sich, Aggression auch als Ausdruck eines triebhaften Geschehens zu begreifen?
- Was spricht gegen die Konzeptualisierung von Aggression als Trieb?
- Diskutieren Sie den Rückgang der Toleranz für aggressives Verhalten wie Raufen und Rangeln in der Adoleszenz auf die Entwicklung von Kindern.
- Kann sich in Krippen ein Größenselbst ausreichend entwickeln? Wie machen sich Unterschiede zwischen früher Krippenbetreuung und familiärer Betreuung bemerkbar?

# 9 Abschluss und neue Aufgaben: Sich-Lösen, Erwachsensein und Altern

Die Entwicklung des Menschen wird manchmal als »zweizeitig« beschrieben: Der Integration in die Familie folgt die Integration in die Gesellschaft. Freud hat die mit dem Sich-Lösen aus der Familie verbundenen Konflikte betont und einen Antagonismus von Familie und Gesellschaft formuliert.

Wir folgen in diesem Buch dieser Einteilung nicht ganz. Band 2, »Jugend, Erwachsenwerden und Altern », beginnt mit der Latenzzeit und dem Fremdwerden der Präadoleszenz – in der Familie und mit sich selbst. Über das Selbständigwerden in der Adoleszenz, die Bedeutung der Gruppenzugehörigkeiten für die Entwicklung der eigenen Identität und das »auftauchende Erwachsenenalter« (Emerging Adulthood) wird das Erwachsensein erreicht – und dabei gefragt, wie ein Erwachsensein (»adulting«), Altern und Sterben unter veränderten gesellschaftlichen Bedingungen heute beschrieben werden kann. Digitale Welten, Veränderungen der Sozialisation im dritten und vierten Lebensjahrzehnt und die Pluralität der Familienmodelle werden dargestellt und in Hinsicht auf ihren Einfluss auf Entwicklung diskutiert.

Die Abgrenzung unterschiedlicher Aufgaben einer »zweizeitigen« Entwicklung ist heute nur noch eingeschränkt möglich. Die frühe Vergesellschaftung von Kindern ist die Regel, der Gegensatz von Familie und Gesellschaft wenig spürbar. Familiäre Beziehungen bleiben trotz früher Fremdbetreuung auch langfristig der für die Entwicklung bedeutsamste Faktor. Nach dem Lernen der Latenzzeit aktivieren die Adoleszenz, das Erwachsenenalter und das hohe Alter Konflikte, die in diesem Band vor dem Hintergrund der frühen kindlichen Entwicklung dargestellt worden sind. Ein Verständnis Erwachsener (Patienten) erfordert daher sowohl Wissen um die Entwicklung der Kindheit als auch der Zeit danach. »Kindliche« Konflikte werden kaum je dauerhaft gelöst Sie tauchen in neuer, anderer Form wieder auf und greifen dabei auf vorhandene Lösungsversuche zurück. Ödipale Konflikte finden sich wieder im Zusammenhang mit dem Eingehen einer festen, intimen Beziehung, Herausforderungen triangulärer Beziehungen mit dem ersten Kind, die Akzeptanz von Beschränkungen mit dem Erwachsenwerden und dem Altern – diese kurzen Anregungen verweisen auf den Folgeband.

## Fragen zum weiteren Nachdenken

- Teilen Sie die Auffassung, dass das Thema unserer Zeit nicht mehr die Sexualität, sondern die Identität ist – und dass es damit weniger um Lust als um Selbstdarstellung geht?

# Literatur


Abelin, E. L. (1971). The role of the father in the separation-individuation process. In: J. B. McDevitt & C. F. Settlage (Hrsg.), *Separation-Individuation* (S. 229–252). New York: International University Press.

Abelin, E. L. (1975). Some further observations and comments on the earliest role of the father. *Int J Psychoanal 56*, 293–302.

Ahnert, L. (2006). Anfänge der frühen Bildungskarriere. Familiäre und institutionelle Perspektiven. *Frühe Kindheit 6*, 18–23.

Allen, J. G., Fonagy, P. & Bateman, A. (2011). *Mentalisieren in der Psychotherapeutischen Praxis.* Stuttgart: Klett-Cotta.

Arbeitskreis OPD (Hrsg.) (2014). *Operationalisierte psychodynamische Diagnostik OPD-2. Das Manual für Diagnostik und Therapieplanung* (3. Aufl.). Bern: Huber.

Barclay, K., Hällsten, M. & Myrskylä, M. (2017). Birth Order and College Major in Sweden. *Social Forces 96*, 2, 629–660.

Beebe, B. & Lachmann, F. M. (2004). *Säuglingsforschung und die Psychotherapie Erwachsener. Wie interaktive Prozesse entstehen und zu Veränderungen führen.* Stuttgart: Klett-Cotta.

Benecke, C. & Staats, H. (2017). *Psychoanalyse der Angststörungen. Modelle und Therapien.* Stuttgart: Kohlhammer.

Bischoff, N. (1985). *Das Rätsel Ödipus. Die biologischen Wurzeln des Urkonflikts von Intimität und Autonomie.* München: Pieper.

Bohleber, W. (2011). Die intersubjektive Geburt des Selbst. Neue Ergebnisse der Entwicklungsforschung in ihrer Bedeutung für die Psychoanalyse, deren Behandlungstheorie und Anwendungen. *Psyche Z Psychoanal 65*, 9/10, 769–777.

Bohlbeber, W. (2012). *Was Psychoanalyse heute leistet.* Stuttgart: Klett-Cotta.

Bohleber, W., Jiménez, J. P., Scarfone, D., Varvin, S. & Zysman, S. (2016). Unbewusste Phantasie und ihre Konzeptualisierungen: Versuch einer konzeptuellen Integration. *Psyche – Z Psychoanal 70*, 24–59.

Boothe, B. & Heigl-Evers, A. (1996). *Psychoanalyse der frühen weiblichen Entwicklung.* München: Ernst Reinhardt.

Brandes, H. (2008). Selbstbildungsprozesse von und in Kindergruppen. *Gruppenpsychother Gruppendyn 44*, 33–51.

Brody, G. H. & Stoneman, Z. (1995). Sibling relationships in middle childhood. *Annals of Child Development 11*, 73–93.

Busch, W. (1924). *Fipps, der Affe.* Salzburg: Salzburger Jugend Verlag.

Bowlby, J. (1953). *Child care and the growth of love.* London: Penguin books.

Bowlby, J. (1975). *Bindung – eine Analyse der Mutter-Kind-Beziehung.* München: Kindler.

Bürgin, D. (1988). Vater als Person und Vater als Prinzip. In: Bürgin, D. (Hrsg.), *Triangulierung. Der Übergang zur Elternschaft* (S. 179–214). Stuttgart: Schattauer.

Cohn, J. F. & Tronick, E. Z. (1983). Three-month-old infants' reaction to simulated maternal depression. *Child Development 54*, 185–193.

Crosby, Ph. & Janus, L. (2017). Eine Analyse bei Otto Rank. *Forum Psychoanal 33*, 447–457.

Dammasch, F. (2008). Die Krise der Jungen. *Deutsches Ärzteblatt PP*, 357–358.

Dodge, K. A., Coie, J. D. & Lynam, D. (2006). Aggression and antisocial behavior in youth. In: N. Eisenberg & W. Damon (Hrsg.), *Handbook of child psychology: Social, emotional, and personality development* (S. 719–788). New York: Wiley.

Dornes, M. (1993). *Der kompetente Säugling* (14. Aufl. 2015). Frankfurt am Main: Fischer.

Dornes, M. (2013). *Die frühe Kindheit. Entwicklungspsychologie der ersten Lebensjahre* (10. Aufl.). Frankfurt am Main: Fischer.

Dornes, Martin (2010). *Die Seele des Kindes. Entstehung und Entwicklung* (3. Aufl.). Frankfurt am Main: Fischer.

Dornes, M. (2008). Mütterliche Berufstätigkeit und kindliche Entwicklung. *Psyche Z Psychoanal 62*, 182–201.

Dornes, M. (2012). *Die Modernisierung der Seele. Kind – Familie – Gesellschaft.* Frankfurt am Main: Fischer.

DPV (2008). Memorandum der Deutschen Psychoanalytischen Vereinigung. Krippenausbau in Deutschland – Psychoanalytiker nehmen Stellung. *Psyche Z Psychoanal 62*, 202–205.

Dix, M. (2017). Beziehungserfahrungen und Fantasietätigkeit von Säuglingen in den Theorien von Melanie Klein und Daniel Stern. *Forum Psychoanal 33*, 415–430.

Early et al. (2007). Teachers' Education, Classroom Quality and Young Children Academic Skills. Results for Seven Studies of Preschool Programms. *Child Development 78*, 558–580.

Eissler, K. R. (1966). Bemerkungen zur Technik der psychoanalytischen Behandlung Pubertierender nebst einigen Überlegungen zum Problem der Perversion. *Psyche Z Psychoanal 20*, 873–872.

Emde, R. N. & Sorce, J. (1983). The rewards of infancy. Emotional availability and maternal referencing. In: J. Call, E. Galenson & R. Tyson (Hrsg.), *Frontiers of Infant Psychiatry 1* (S. 17–30). New York: Basic Books.

Emde, R. N. (2011). Regeneration und Neuanfänge. Perspektive einer entwicklungsbezogenen Ausrichtung der Psychoanalyse. *Psyche Z Psychoanal 65*, 778–807.

Erdheim, M. (1988). *Psychoanalyse und Unbewusstheit in der Kultur.* Frankfurt am Main: Suhrkamp.

Erikson, E. H. (1966). *Einsicht und Verantwortung.* Stuttgart: Klett.

Erikson, E. H. (2011). *Identität und Lebenszyklus. Drei Aufsätze* (25. Aufl.). Frankfurt am Main: Suhrkamp.

Erreich, A. (2016). Unbewusste Phantasie. *Psyche Z Psychoanal 70*, Heft 6.

Fivaz-Depeursinge, E. & Corboz-Warnery, A. (2001). *Das Primäre Dreieck – Vater, Mutter und Kind aus entwicklungstheoretisch-systemischer Sicht.* Heidelberg: Auer.

Fivaz-Depeursinge, E. & Favez, N. (2006). Exploring triangulation in infancy. Two contrasted cases. *Fam Process 45*, 3–18.

Flanders, J. L., Leo, V., Paquette, D., Phil, R. O. & Séguin, J. R. (2012). *Rough-and-Tumble Play and the Regulation of Aggression. An Observational Study of Father-Child Play Dyads.* PubMed Central (PMC). Abgerufen am 02.06.2017 von https://www.ncbi.nlm.nih.gov/pmc/articles/PMC3283567/

Fonagy, P. & Target, M. (1997). Attachment and reflective function. Their role in self-organization. *Dev Psychopathol 9* (4), 679–700.

Fonagy, P., Gergely, G., Jurist, E. L. & Target, M. (2004). *Affektregulierung, Mentalisierung und die Entwicklung des Selbst* (6. Aufl. 2018). Stuttgart: Klett-Cotta.

Fonagy, P. & Allison, E. (2014). The Role of Mentalizing and Epistemic Trust in the Therapeutic Relationship. *Psychotherap 51*, 372–380.

Fonagy, P. & Campbell, C. (2017). Böses Blut – ein Rückblick. Bindung und Psychoanalyse. *Psyche Z Psychoanal 71*, 275–305.

Fonagy, P., Campbell, C. & Bateman, A. (2017). Mentalizing, attachment and epistemic trust in group therapy. *International Journal of Group Psychotherapy, 67* (2), 176–201.

Fraiberg, S., Adelson, E. & Schapiro, V. (1975). Ghosts in the Nursery: A psychoanalytic approach to the problems of impaired infant-mother relationships. *Journal of the American Academy of Child Psychiatry 14*, 1387–1422.

Franz, M., Lieberz, K. & Schepank, H. (Hrsg.) (2000). *Seelische Gesundheit und neurotisches Elend. Der Langzeitverlauf in der Bevölkerung.* Wien: Springer.

Franz, M. (2010). Wenn der Vater fehlt. *Psychoanalytische Familientherap 20*, 91–130.

Freud, S. (1895). *Studien über Hysterie.* GW I, 75–312.

Freud, S. (1900). *Die Traumdeutung.* GW II, 1–642

Freud, S. (1905). *Drei Abhandlungen zur Sexualtheorie.* GW V, 27–145.

Freud, S. (1915). *Triebe und Triebschicksale.* GW X, 210–232.

Freud, S. (1916). *Trauer und Melancholie.* GW X, 427–446.

Freud, S. (1917). Eine Schwierigkeit der Psychoanalyse. GW XII, 3-12.

Freud, S. (1920). *Jenseits des Lustprinzips.* GW13, 1–69.

Freud, S. (1923). *Das Ich und das Es.* GW XIII, 235–289.

Freud, S. (1925). *Einige psychische Folgen des anatomischen Geschlechtsunterschieds.* GW 14, 17–30.

Freud, S. (1928). *Der Humor.* GW XIV, 381–389.

Freud, S. (1930). *Das Unbehagen in der Kultur.* GW XIV, 419–506.

Freud, S. (1933). Neue Folge der Vorlesung zur Einführung in die Psychoanalyse. GW XV.

Freud, A. (1936). Das Ich und die Abwehrmechanismen. In: *Die Schriften der Anna Freud*, Band 1 (S. 581–617). München: Kindler.

Fritschi, T. & Oesch, T. (2008). *Volkswirtschaftlicher Nutzen von frühkindlicher Bildung in Deutschland.* Bericht des BASS – Büro für Arbeits- und Sozialpolitische Studien BASS AG an die Bertelsmann Stiftung. Verfügbar unter www.buero-bass.ch

Fröhlich-Gildhoff, K. (2013). *Angewandte Entwicklungspsychologie der Kindheit.* Stuttgart: Kohlhammer.

Gebur, D. (2014). *Erziehung im Wechselmodell. Trennungskinder und gelungene Erziehungspartnerschaft.* Marburg: Tectum.

Gergely, G. & Unoka, Z. (2011). Bindung und Mentalisierung beim Menschen. Die Entwicklung des affektiven Selbst. *Psyche Z Psychoanal 65*, 9/10, 862–899.

Grossmann, K. & Grossmann, K. E. (2007). Die Entwicklung psychischer Sicherheit in Bindungen – Ergebnisse und Folgerungen für die Therapie. *Z Psychosom Med 53*, 9–28.

Grossmann, K. & Grossmann, K. E. (2008). *Bindungen – das Gefüge psychischer Sicherheit* (4. Aufl.). Stuttgart: Klett-Cotta.

Hardin, H. (2008). »Weinen, Mama, weinen!« Außerfamiliäre mütterliche Betreuung und Verlusterfahrungen. *Psyche Z Psychoanal 62*, 136–153.

Hédervári-Heller, E. (2011). *Emotionen und Bindung bei Kleinkindern.* Weinheim: Beltz.

Heigl-Evers, A., Heigl, F. (1973). Gruppenpsychotherapie. Interaktionell-tiefenpsychologisch fundiert-psychoanalytisch. *Gruppenpsychother Gruppendyn 7*, 137–157.

Heigl-Evers, A. & Boothe, B. (1997). *Der Körper als Bedeutungslandschaft. Die unbewusste Organisation der weiblichen Geschlechtsidentität* (2., aktualisierte Aufl.). Bern u. a.: Huber.

Helmsen, J. & Petermann, F. (2010). Emotionsregulationsstrategien und aggressives Verhalten im Kindergartenalter. *Praxis der Kinderpsychologie und Kinderpsychiatrie 59*, 775–791.

Hildebrand, F., Scheidt, A., Hildebrandt, A., Hédervári-Heller, É. & Dreier, A. (2016). Sustained shared thinking als Interaktionsformat und das Sprachverhalten von Kindern. *Frühe Bildung 5*, 82–90.

Hirsch, M. (2017). *Schuld und Schuldgefühl. Zur Psychoanalyse von Trauma und Introjekt* (7. Aufl.). Göttingen: Vandenhoeck & Ruprecht.

Hopf, H. (2017). *Die Psychoanalyse des Jungen* (3. Aufl.). Stuttgart: Klett-Cotta.

Hrdy, S. B. (2010). *Mütter und andere.* Berlin: BV Berlin Verlag.

Janus, L. (2016). Die prä- und perinatale Zeit des Lebens. In: G. Poschenschnik & B. Traxl (Hrsg.), *Handbuch Psychoanalytische Entwicklungswissenschaft.* Gießen: Psychosozial Verlag.

Jimenez, J. P., Botto, A., Herrera, L., Leighton, C., Rossi, J. L., Quevedo, Y., Silva, J. R., Martinez, F., Assar, R., Salazar, L. A., Ortiz, M., Rios, U., Barros, P., Jaramillo, K. & Luyten, P. (2018). Psychotherapy and Genetic Neuroscience. An Emerging Dialog. *Front Genet 9*, 257. doi: 10.3389/fgene.2018.00257

Kalicki, B. & Hüsken, K. (2012). Vom Umgang mit kritischen Ereignissen in Kindheit und Jugend. *DJI Impulse 97*, 13–15.

Kernberg, O. (1975). *Borderline – Störungen und pathologischer Narzissmus*. Frankfurt a. M: Suhrkamp.

Kimberley, G. N. et al. (2015). Family income, parental education and brain structure in children and adolescents. *Nature Neuroscience 18*, 773–778.

Kind, J. (2017). *Das Tabu. Was Psychoanalytiker nicht denken dürfen, sich aber trauen sollten.* Stuttgart: Klett-Cotta.

Klein, M. (1962). *Das Seelenleben des Kleinkindes* (7. Aufl. 2001). Stuttgart: Klett-Cotta.

Klitzing von, K. (2002). Frühe Entwicklung im Längsschnitt. Von der Beziehungswelt der Eltern zur Vorstellungswelt des Kindes. *Psyche Z Psychoanal 56*, 863–887.

Klitzing von, K. & Stadelmann, S. (2011). *Das Kind in der triadischen Beziehungswelt.* Psyche Z Psychoanal 65, 953–972.

Kohlberg, L. (2017). *Die Psychologie der Moralentwicklung* (8. Aufl.). Frankfurt am Main: Suhrkamp.

Kohut, H. (1976). *Narzissmus. Eine Theorie der psychoanalytischen Behandlung narzisstischer Persönlichkeitsstörungen* (14. Aufl. 2007). Frankfurt am Main: Suhrkamp.

König, K. (1995). Die Fixierung in der Dyade. In: P. Buchheim, M, Cierpka & T. Seifert (Hrsg.), *Konflikte in der Triade* (S. 40–49). Berlin u. a.: Springer.

Körner, J. & Friedmann, R. (2005). *Denkzeit für delinquente Jugendliche. Theorie und Methode dargestellt an einer Fallgeschichte*. Freiburg im Breisgau: Lambertus.

Krause, R. (2017). Affektpsychologische Überlegungen zu Seinsformen des Menschen. *Psyche Z Psychoanal 71*, 453–478.

Krüll, M. (1989, 2009). *Die Geburt ist nicht der Anfang. Die ersten Kapitel unseres Lebens neu erzählt* (vollst. überarb. und aktualisierte Neuausgabe 2009). Stuttgart: Klett-Cotta.

Lang, H (2011). *Die strukturale Triade und die Entstehung früher Störungen.* Stuttgart: Klett-Cotta.

Laplanche, J. & Pontalis, J. B. (1973). *Das Vokabular der Psychoanalyse* (20. Aufl. 2016). Frankfurt am Main: Suhrkamp.

Lempa, G. (2015). Eine psychoanalytische Theorie des schizophrenen Wahns. *Forum Psychoanal 31*, 353–374.

Lindgren, A. (1997). *Lotta zieht um.* Hamburg: Oetinger.

Lucas-Thompson, R.G., Goldberg, W.A. & Prause, J. (2010). Maternal Work Early in the Lives of Children and Its Distal Associations With Achievement and Behavior Problems. A Meta-Analysis. *Psychological Bulletin 136*, 915–942.

Ludwig-Körner, C. (2007). Sind Kinderkrippen gut genug? *Forum Psychoanal 23*, 72–75.

Maier, C (2007). *Die Entdeckung des Begehrens. Von der Kunst, unsere Triebe und Neurosen gelassen zu betrachten.* München: Goldmann.

Mahler, M. S., Pine, F. & Bergman, A. (1996). *Die psychische Geburt des Menschen. Symbiose und Individuation* (16. Aufl.). Frankfurt am Main: Fischer.

Massie, H. N. & Szajnberg, N. M. (2014). *Lives across time. Growing up. Paths to emotional health & emotional illness from birth to 30 in 76 people*. London: Karnac Books.

McClelland, D.C., Koestner, R. & Weinberger, J. (1989). How do self-attributed and implicit motives differ? *Psychol Rev 96*, 690–702.

Mertens, W. (1997). *Entwicklung der Psychosexualität und der Geschlechtsidentität. Band 1, Geburt bis 4. Lebensjahr* (3. Aufl.). Stuttgart: Kohlhammer

Mertens, W. (2011). Entwicklungsorientierung in der Psychoanalyse – überflüssig oder unerlässlich? *Psyche Z Psychoanal 65*, 808–831.

Mertens, W. (2010, 2011). *Psychoanalytische Schulen im Gespräch.* Bd. 1 und 2. Bern: Huber.

Mertens, W. & Waldvogel, B. (2014). *Handbuch Psychoanalytischer Grundbegriffe* (4. Aufl.). Stuttgart: Kohlhammer.

Mikulincer, M. & Shaver, P. R. (2007). *Attachment in adulthood. Structure, dynamics, and change.* New York: Guilford Press.

Milsch, T. (2014). *Mutti ist die Bestie. Die heimliche Diktatur der Muttis – und wie wir uns davon befreien können*. München: Pieper.

Mitchell, S. (1988). *Relational Concepts in Psychoanalysis.* Cambridge, MA: Harvard University Press.

Müller-Pozzi, H. (1995). *Psychoanalytisches Denken: Eine Einführung* (3., erw. Aufl. 2002). Bern: Hans Huber.

Müller-Pozzi (2002). Die Aggression und der Todestrieb (3. Aufl.). In: Müller-Pozzi, *Eine Triebtheorie für unsere Zeit. Sexualität und Konflikte in der Psychoanalyse.* Bern: Huber.

Müller-Pozzi, H. (2008). *Eine Triebtheorie für unsere Zeit. Sexualität und Konflikt in der Psychoanalyse.* Bern: Huber.

NICHD Early Child Care Research Network (1999). Child care and mother-child interaction in the first three years of life. *Developmental Psychology 35*, 1399–1413.

NICHD National Institute of Child Health and Human Deveolpment (2006). *The NICHD Study of Early Child Care and Youth Development. Findings for Children up to Age 4,5.* NIH Pub. 05-4318.

Nolte, N., Pott, W. & Pauli-Pott, U. (2006). Schlafstörungen und Bindungsqualität im Kleinkindalter. *Psychother Psych Med 56*, 154–161.

Oerter, R. & Montada, L. (2008). *Entwicklungspsychologie* (6. Aufl.). Weinheim: Beltz.

Olivier, C. (1991). *F wie Frau. Psychoanalyse und Sexualität*. Düsseldorf: Econ.

Panova, R. & Buber-Ennser, I. (2016). Attitudes towards parental employment. A ranking across Europe, Australia, and Japan. *Journal of Research in Gender Studies 6*, 11–37.

Personn, P. & Rossin-Slater, M. (2018). Family Ruptures, Stress, and the Mentals Health of the Next Generation. *American Economic Review 108*, 1214–1252.

Papousek, H. & Papousek M. (1987). Intuitive Parenting: A dialectic counterpart to the infant's integrative competence. In: J. Osofsky, J. (Hrsg.), *Handbook of infant development* (S. 669–720) New York: Wiley.

Pine, F. (1990). Die vier Psychologien der Psychoanalyse und ihre Bedeutung für die Praxis. *Forum der Psychoanalyse 6*, 3, 232–294.

Rank, O. (1924). *Das Trauma der Geburt.* Gießen: Psychosozial.

Rohde-Dachser, C. (2003). *Expedition in den dunklen Kontinent* (Neuaufl.). Weiblichkeit im Diskurs der Psychoanalyse. Berlin, Heidelberg: Springer.

Rohde-Dachser, C. (2018). Wie sich die Geschlechterbeziehung in den letzten 100 Jahren verändert hat und warum es so schwierig ist, darüber innerhalb der Psychoanalyse ins Gespräch zu kommen. *Psyche Z Psychoanal 72*, 521–548.

Roisman, G., Susman, E., Barnett-Walker, K., Booth-LaForce, C., Tresch Owen, M., Belsky, J., Bradley, R. H., Houts, R. & Steinberg, L. (2009). The NICHD Early Child Care Research Network. Early Family and Child Care Antecedents of Awakening Cortisol Levels in Adolescence. *Child Development 80*, 907–920.

Rosenfeld, H. (1971). Beitrag zur psychoanalytischen Theorie des Lebens- und Todestriebs aus klinischer Sicht. Eine Untersuchung der aggressiven Aspekte des Narzißmus. *Psyche Z Psychoanal 25*, 476–493.

Roth, G. & Stüber, N. (2018). *Wie das Gehirn die Seele macht.* Stuttgart: Klett-Cotta.

Rotmann, M. (1978). Die Bedeutung des Vaters in der »Wiederannäherungsphase«. *Psyche Z Psychoanal 32*, 1105–1147.

Rotmann, M. (1981). Der Vater der frühen Kindheit – ein strukturbildendes drittes Objekt. In: G. Bittner (Hrsg.), *Selbstwerden des Kindes.* Fellbach: A. Bonz.

Rowling, J. K. (2007). *Harry Potter und die Heiligtümer des Todes.* Hamburg: Carlsen.

Ruprecht-Schampera, U. (1997). Das Konzept der »frühen Triangulierung« als Schlüssel zu einem einheitlichen Modell der Hysterie. *Psyche Z Psychoanal 51*, 637–664.

Schachter, J. (2006). Ist die zeitgenössische Psychoanalyse in den USA noch eine Profession? Ein Plädoyer für mehr psychoanalytische Forschung. *Psyche Z Psychoanal 60*, 455–485.

Schafer, R. (1985). Die Handlungssprache – eine Alternative zur Metapsychologie. *Psyche Z Psychoanal 39*, 961–980.

Scheerer, A. K. (2008). »Mein Baby wird keine Probleme machen …« Konfliktdiagnosen im Zusammenhang mit früher außerfamiliärer Betreuung. *Psyche Z Psychoanal 62*, 118–135.

Schultz-Venrath, U. (2015). Lehrbuch Mentalisieren. *Psychotherapien wirksam gestalten* (3. Aufl.). Stuttgart. Klett-Cotta.

Seiffge-Krenke, I. (2001). Neuere Ergebnisse der Vaterforschung. Sind Väter notwendig, überflüssig oder sogar schädlich für die Entwicklung ihrer Kinder? *Psychotherapeut 46*, 391–397.

Seiffge-Krenke, I. (2009). *Psychotherapie und Entwicklungspsychologie. Beziehungen: Herausforderungen, Ressourcen, Risiken* (2., vollst. überarb. Aufl.). Berlin u. a.: Springer.

Seiffge-Krenke, I. (2017). *Die Psychoanalyse des Mädchens.* Stuttgart: Klett-Cotta.

Sevelsted, A., Stokholm, J., Bonnelykke, K. & Bisgaard, H. (2015). Cesarean Section and Chronic Immune Disorders. *Obstetrical & Gynevological Survey 70*, 5, 303–305.

Siegler, R., DeLoache, J. & Eisenberg, N. (2005). *Entwicklungspsychologie im Kindes- und Jugendalter.* München: Spektrum.

Sohni, H. (2004). *Geschwisterbeziehungen in Familien, Gruppen und in der Familientherapie.* Göttingen: Vandenhoeck & Ruprecht.

Spitz, R. A. (1965). *The first year of life. A psychoanalytic study of normal and deviant development of object relations.* New York: International Universities Press.

Spitzer, M. (2014). *Lernen. Gehirnforschung und die Schule des Lebens.* München: Spektrum.

Staats, H. (2014). *Feinfühlig arbeiten mit Kindern. Psychoanalytische Konzepte für die Praxis in Kita und Grundschule.* Göttingen. Vandenhoeck & Ruprecht.

Stakelbeck, F. (2017). Ausgeschlagenes Erbe. Der vollständige Ödipuskomplex und das Homosexualitätstabu. *Forum Psychoanal 33*, 1–18.

Stern, D. (2011). *Tagebuch eines Babys* (19. Aufl.). München: Pieper.

Stern, D. (2005). *Der Gegenwartsmoment* (5. Aufl. 2018). Frankfurt am Main: Brandes & Apsel.

Stern, D. (2016). *Die Lebenserfahrung des Säuglings* (11. Aufl.). Stuttgart: Klett-Cotta.

Storck, T. & Warsitz, R.-P. (2016). Neue Entwicklungen in der allgemeinen psychoanalytischen Psychosomatik. *Psychotherapeut 61*, 73–88.

Strauß, B. (2011). Ergebnisse der klinischen Bindungsforschung mit Bedeutung für die Psychotherapie. *Psychother Psych Med 61*, 436–446.

Streeck-Fischer, A. (Hrsg.) (2018). *Die frühe Entwicklung. Psychodynamische Entwicklungspsychologien von Freud bis heute.* Göttingen: Vandenhoeck & Ruprecht.

Taubner, S. (2008). Mentalisierung und Einsicht. *Forum Psychoanal 24*, 16–31.

Taubner, S. (2015). *Konzept Mentalisieren. Eine Einführung in Forschung und Praxis.* Bibliothek der Psychoanalyse. Gießen: Psychosozial-Verlag.

Tomasello, M. (2008). *Origins of Human Communication.* Cambridge, MA: MIT-Press.

Tyson, P. & Tyson, R.-L. (2012). *Lehrbuch der psychoanalytischen Entwicklungspsychologie* (4. Aufl.). Stuttgart: Kohlhammer.

Unverzagt, G. (2002). *Patchwork, Familienform mit Zukunft.* München: Deutscher Taschenbuch Verlag.

Verny, T. & Kelly, J. (1981). *Das Seelenleben des Ungeborenen. Wie Mütter und Väter schon vor der Geburt Persönlichkeit und Glück ihres Kindes fördern können.* München: Rogner & Bernhard.

Widmer, P (1997). *Subversion des Begehrens. Eine Einführung in Jacques Lacans Werk*. Wien: Turia + Kant.

Winnicott, D. W. (1960). The Theory of the Parent-Infant Relationship. *Int J Psycho-Anal 41*, 585–595.

Winnicott, D. W. (1965). The theory of the parent-infant relationship. In: D. W. Winnicott (Hrsg.), *The maturational processes and the facilitating environment* (S. 37–55). New York: International University Press.

Winnicott, D. W. (1979). *Vom Spiel zur Kreativität* (16. Aufl. 2019). Stuttgart: Klett-Cotta.

# Stichwortverzeichnis

## G



## H



## I



## K



## L



## M



## N

## O



## P



## R



## S

## T



## U



## V



## W